Los hábitos para

GANAR

Un programa de 13 pasos para transformarse en ganador

Los hábitos para
GANAR

Un programa de 13 pasos para transformarse en ganador

Edición actualizada

Juan Antonio Razo

Autor de la teoría y método "MMC"
Motivación y mente consciente

A la estrella Sirio,
La más brillante,
ella me cuenta, yo escribo.

A la otra estrella,
también la más brillante,
que me cuida y me guía
desde el firmamento

Nota:

En la primera edición de este libro, en el año 2003, el autor predijo la pandemia del Covid-19. Escribió en la página 226 que la gran desigualdad social y económica, derivada de la globalización provocaba un gran riesgo de salud que terminaría en grandes epidemias en el África o en el Oriente y convertirse en un flagelo de alcance mundial, situación que desde inicios del año 2020 estamos padeciendo y, además, con un futuro incierto.

El editor

El gran poder de los hábitos

Cuando usted concientiza sus actitudes positivas, las transforma en actitudes positivas conscientes, 'APC'. Si esas actitudes a través de una práctica continua, las lleva a un nivel del subconsciente las habrá transformado para siempre en HÁBITOS.

Los buenos hábitos son un conjunto de jugadas maestras de su 'YO' SUBCONSCIENTE.

Juan Antonio Razo

≈ ≈ ≈ ≈

Contenido

El gran poder de los hábitos 9
Introducción 13

1. LOS HÁBITOS PARA GANAR 21
  El 'ABC' de los hábitos
2. EL ASCENSO ES PASO A PASO 39
  Soñar despierto día a día
3. EL MOMENTO DE LA VERDAD 55
  Mantenerse en la cumbre
4. LOS REGALOS DE DIOS 71
  Aprovechar nuestros dones
5. EL FACTOR MOTIVACIONAL 87
  Actitud positiva consciente APC
6. LAS REGLAS DEL JUEGO 103
  La ética como estilo de vida
7. LIDERAZGO GANADOR 119
  Ser un guía modelo
8. DISCIPLINA Y SALUD 135
  La mente y el cuerpo en sincronía
9. LA EXCELENCIA A SU ALCANCE 151
  La excelencia como norma
10. EL TALENTO INNOVADOR 167
  Los tres pilares de la creatividad
11. JUNTOS LO HACEMOS MEJOR 183
  El efecto de la sinergia
12. LA RESPONSABILIDAD A CUESTAS 199
  Dignidad y compromiso
13. EL MUNDO GLOBALIZADO 215
  Incorporarse a la modernidad

Recopilación de citas 231
Índice onomástico 249
Acerca del autor 253
Qué es "MMC" 255

Introducción

La vida del hombre, del ser humano, es el resultado de sus hábitos: hábitos buenos, resultados buenos; hábitos excelentes, resultados excelentes, es decir, hábitos para ganar. Los hábitos buenos y excelentes nos conducen a la consecución de nuestros propósitos, o sea, ganar.

No hay nada como ganar, pues el triunfo no se compara con nada. Vince Lombardi, el inmortal *coach*, nos lo dice bien en su célebre frase: «Ganar no es lo más importante, es lo único». Debemos ver el triunfo como algo natural.

Para ganar, hay que desarrollar una mentalidad positiva y con espíritu de triunfo. Es una cuestión de mentalidad y formación. La mentalidad competitiva es la que nos transforma en ganadores y nos permite obtener un alto índice de triunfos, romper las marcas y paradigmas, y hacer que el mundo avance.

Ser ganador significa ser responsable de lo que hacemos y dar siempre lo mejor de nosotros mismos. Si este triunfo lo llegamos a compartir con los demás y trabajando en equipo, será más satisfactorio.

Uno debería preguntarse cómo es que hay personas, equipos y organizaciones que ganan siempre; cómo lograron hacer del ganar un verdadero hábito, casi un instinto. Y es que cuando alguien consigue un sonado éxito, la gente admira al ganador y al *glamour* que le rodea, pero pocas veces se pregunta cómo lo hizo, ni se pone a analizar qué hay detrás de su triunfo. Este libro responde a estos cuestionamientos.

La vida de todo ganador comienza con un deseo, un deseo ferviente que hay que transformar en un sueño; pero, ¿cómo convertir ese sueño en realidad? Este libro es una guía sobre este tema

En el maravilloso cuento *Alicia en el País de las Maravillas*, cada vez es más conocido el pasaje del cuento en donde Alicia le pregunta al Gatito de Cheshire que lucía su peculiar sonrisa y su aire filosófico:

—Gatito, podrías decirme, por favor, ¿cuál es el camino que debo tomar desde aquí?

—Depende mucho de a dónde quieras ir —le contestó.

—No me importa mucho a dónde —dijo Alicia.

—Entonces cualquier camino te llevará —dijo él.

—¿Pero llegaré a algún sitio? —insistió Alicia.

—Seguro que sí, siempre que camines lo suficiente.

Muchas personas se verán reflejadas en este diálogo, pues se ha comprobado que la mayoría de la gente no sabe lo que quiere, o sea, que simplemente no le ha encontrado un sentido a su vida.

Mucha, muchísima gente no sabe cuál es su sueño, no sabe lo que busca o hacia dónde va; le hace falta imponerse un propósito en la vida. Esto no debería ser tan difícil pues todos, alguna vez, nos hemos desvivido por algo.

Está comprobado científicamente que uno se convierte en aquello que mentalmente se repite constantemente. Es decir, el pensamiento que nos convierte en ganadores es:

1. Tener un sueño y convertirlo en nuestro objetivo.

2. Mantenerlo en nuestra mente en todo momento.

Dedicarnos a hacer lo que nos gusta es una regla de oro

básica para poder ser ganadores. La frase dicha en el día de su retiro por el basquetbolista Charles Barkley, uno de los cincuenta mejores jugadores de la Liga NBA, expresa en toda su magnitud este hecho: «Doy gracias a Dios por este maravilloso juego; en toda mi vida nunca he trabajado, sólo he jugado al basquetbol». "Juego porque me encanta hacerlo y sucede que me pagan por eso" y "dedícate a hacer lo que te gusta y busca quien te pague por hacerlo", son otras maneras de decirlo.

Adquirir el hábito de ganar requiere de cierta explicación, pues saber ganar también implica saber perder; pero esto hay que saberlo interpretar. Verdaderos campeones como Tom Brady, Cristiano Ronaldo o Roger Federer saben que las derrotas son parte del camino a la victoria. Las derrotas los fortalecen y de ellas también se aprende.

Ganar también implica mentalizarnos para tener una gran disposición al cambio de actitud, pues ¿qué es lo que nos hace pensar que, si no cambiamos y repetimos nuestra conducta y actitudes, las cosas y los resultados van a ser distintos?

En el libro se describe el método de los trece pasos que todo ganador debe incorporar en su vida. Valores y virtudes que integran la conducta del ser humano como la disciplina, la ética, el liderazgo, la sinergia y otros, se abordan en los diferentes capítulos. Según estudios realizados, una actividad para convertirla en un hábito debe de ejercitarse durante veintiún días. Pero no se confíe y lea los apartados o capítulos tantas veces como sea necesario. Regrese la página y vuelva a leer, subrayando y marcando los párrafos, en una especie de ejercicio, a fin de adaptar y adoptar cada tema a su situación personal. Podemos tomar esta lectura como un modelo completo, no sólo para los jóvenes sino también para los demás, sin distinción de edad, pues todos necesitamos un cambio de actitud.

Algo más debo decir, y es el hecho de que las cosas en la vida, y mucho menos el éxito, no se nos dan gratis. Hay que pagar el precio. Es como circular por una autopista de cuota, pero bien vale la pena hacerlo. Se requiere, pues, hacer un esfuerzo adicional. Cualquier esfuerzo coherente y pertinaz rendirá frutos, porque nada de lo que hagamos se nos dejará de retribuir. Pero entendamos que libertad y responsabilidad, esfuerzo y recompensa, sueños y realidad, participación y tolerancia, van de la mano, pues no son excluyentes.

El éxito es un hábito dinámico que hay que alimentar día tras día, pues lo último que puede uno permitirse es estar inactivo, quedarse quieto. Hacer cosas positivas es, de hecho, como una especie de terapia ocupacional que nos permite vivir en equilibrio basado en una vida con amor, ejercicio físico y una nutrición inteligente.

El éxito, aunque es una meta en sí, también es como un viaje en el que hay que disfrutar el camino. La felicidad y el éxito, bajo este enfoque, serían como una travesía.

Para tener éxito no hay edad. Uno puede ser productivo hasta la edad que quiera. Personalidades como el legendario líder de la industria automotriz Lee A. Iaccoca, fallecido en 2019, fueron productivos hasta el último día de su existencia. Por igual, varios de mis maestros me enseñaron que aún en su vejez se mantenían activos. O pensemos en la voceadora —oficio prácticamente desaparecido— doña Chayito Iglesias, quien vivió más de 93 años y logró hacerse de fama por las carreras atléticas en que participaba.

También podemos reinventar el éxito, es decir, nuestro camino, nuestra vida, nuestro futuro. Olvidemos lo que pueden hacer los demás por nosotros: ¿qué tal si nos concentramos en lo que podemos hacer nosotros por nosotros mismos? Hay que intentar siempre hacer las cosas de una manera extraordinaria.

Este libro es una oportunidad de reencontrarse y de reinventarse a sí mismo. Para eso, primero hay que competir y vencerse a uno mismo. Pero si usted ya entró en un proceso de crecimiento personal, este libro lo impulsará a continuar creciendo. Lo esencial consiste en desarrollar y mantener un espíritu ganador, para luego evolucionar hacia el éxito. Hay que tener una visión optimista de la vida y ser congruentes en el pensar, decir y hacer, cada quién dentro de su entorno y circunstancias, pues todos tenemos la capacidad de ser individuos plenos, íntegros y con una mentalidad de superación.

Para los líderes, la propia motivación resulta esencial, pues ésta se debe saber transmitir a los demás para que enfoquen su mente y su energía hacia la realización de su trabajo y sus objetivos en forma eficaz. Bajo este ángulo, la motivación, en sí, es el arte de crear condiciones para que cada uno realice las cosas lo mejor posible. Las personas motivadas tratan de encontrarle un sentido positivo a lo que hacen y a la vida misma. Es encontrarle un porqué a las cosas que suceden, por medio de una constante búsqueda hasta que nuestras neuronas dejen de existir.

La motivación también es un estado mental guiado por el optimismo, pero a la vez equilibrado y permanente; es un estado lleno de energía que se manifiesta a través de actitudes positivas que reflejan nuestro yo interior.

La motivación consciente y la actitud positiva consciente, APC, no son sólo estados de ánimo temporales que se logran con expresiones como: "échale ganas" o "¡tú puedes!", sino que es todo un estado mental superior que conlleva una actitud de responsabilidad y de compromiso con nosotros mismos. La motivación es como una palabra mágica; es la diferencia entre hacer las cosas bien o mal o, mejor dicho, entre hacerlas maravillosamente bien o volverlas un desastre.

El propósito esencial de este libro es que su lectura resulte útil, interesante y altamente emotiva, e invito a los lectores a pasar de las palabras a la acción. La lectura es el medio ideal para educar y encauzar a la mente de jóvenes y adultos. Es la mejor disciplina convertida en el mejor de los hábitos. Pretendo que su lectura sea un factor de cambio positivo en su vida. Habrá que leerlo, eso sí, con un espíritu optimista. Éste es un trabajo donde los temas prioritarios son los principios y valores, las actitudes y la conducta, el amor y los retos, la ética y la congruencia, la competencia y el triunfo, manteniendo siempre un enfoque motivacional y de superación. Me he propuesto, y espero haberlo logrado, que cada una de mis palabras transmita una visión optimista y real de la vida.

Espero que este libro merezca la atención del lector y lo ponga a reflexionar sobre la importancia de la motivación que nos impulsa hacia un cambio de actitud, lo cual se refleja directamente en nuestro beneficio.

El libro está enriquecido con anécdotas e historias a manera de analogías, como la del águila que creció en el corral o la de la joven señora que cortaba cada lado del pavo antes de meterlo al horno. Verdaderas lecciones de vida. También encontramos multitud de citas de personajes que han trascendido en todos los ámbitos del quehacer humano, desde hombres de negocios hasta científicos, pasando por artistas, intelectuales, ministros y otros.

Los deportistas merecen una mención aparte. Son gigantes, seres supra humanos que tienen que vencer el dolor, correr más fuerte, saltar más alto o hasta volar. En otras palabras, le cambian la cara al mundo, lo hacen avanzar. Por eso, en estas páginas encontrará el lector un gran número de ejemplos, anécdotas y analogías entre la vida cotidiana y el mundo del deporte, disciplina de la que soy asesor profesional, estudioso y practicante.

Así también, exhorto al lector para que lea, por separado, todos los primeros apartados de cada capítulo a manera de "Breve tratado sobre la vida". Puede consultar el índice en la página 243.

Deténgase en las reflexiones que se encuentran en letra negrita. Es como extraer la médula al hueso. Quedará revitalizado después de leerlas. Puede utilizar, para anotaciones, las páginas en blanco, al final de algunos capítulos o al final del libro.

He tratado de conservar mi estilo didáctico. Pretendo que el lector encuentre en este trabajo un sentido práctico y realista. A mis amados lectores les he escrito una carta que podrán leer al final, en la página 248.

Espero, también, que este trabajo demuestre la importancia fundamental que tienen los hábitos en el desarrollo y evolución del individuo en su camino al éxito. Cabe aclarar que mi teoría de los hábitos forma parte de la teoría integral MMC.

Quiero mencionar que en este libro se encuentran muchas de mis experiencias que he acumulado en mi vida, desde que me convertí, hace 28 años, en empresario.

Finalmente, quiero comentar que éste ha sido un trabajo divertido, pero también una gran responsabilidad que no tomo a la ligera. Cada libro representa para mí un reto en el que siempre doy mi mejor esfuerzo.

Así que, dejemos de condolernos de nosotros mismos y hagamos el compromiso de no rendirnos, y aunque fuesen los últimos momentos de nuestra vida:

¡nunca desistamos!

Juan Antonio Razo
Agosto 2024

≈ ≈ ≈ ≈

1

LOS HÁBITOS PARA GANAR

El 'ABC' de los hábitos

> Ser ganador es un hábito, el mejor de
> los hábitos; desafortunadamente hay
> quienes se acostumbran a perder.
>
> J. A. Razo

La vida como un juego. La metáfora

AUNQUE A VECES NO NOS QUEDA SUFICIENTEMENTE CLARO el concepto de lo que debemos de entender por "ganar" y por qué debemos de tratar de ganar "siempre" en nuestra vida, sí se entiende, sin gran dificultad, que en el juego o en el deporte, cualquiera que sea, el objetivo es ganar, pues hasta ahora no conozco a alguien que haya dicho que le gusta perder. Por eso, la analogía que representa a la vida como "un juego" no puede ser más acertada, pues si pensamos en la práctica del tenis, beisbol, ajedrez u otros deportes o juegos, encontramos numerosos paralelismos. Tienen tal semejanza y parecido, que uno bien podría hacer de la vida un juego o lograr que el juego sea su vida. Bajo este razonamiento, se podría pensar que los deportistas profesionales tienen cierta ventaja sobre las demás personas, puesto que se supone que se dedican a hacer algo que les resulta divertido, además de haberlo convertido en su profesión, en su *modus vivendi* y hasta en su vida misma.

Sin embargo, como se verá más adelante, esto no sucede exactamente así en la realidad, pues si hay alguna profesión en la que se tiene que hacer un especial esfuerzo y sacrificio para mantener un sano equilibrio en los diferentes roles y demás aspectos de la vida, ésa es la del deportista-atleta.

El deportista, al convertirse en profesional, deberá seguir divirtiéndose mientras juega, sin perder aquella primera pasión, y saber convertir el juego en su trabajo, en su profesión y en su forma de vida. He aquí el primer secreto del éxito:

"Integrar la diversión en nuestro trabajo nos convierte en triunfadores y nos asegura el éxito."

Así es como debe ser la vida: un juego, un juego serio que todos debemos jugar... y ganar. El deporte implica el juego en sí mismo —en el sentido lúdico del término—, la competencia y el espectáculo. Pero el deporte es igualmente arte y disciplina, al igual que también es una industria; pero, sobre todo, es una lucha, una competencia o desafío en el que hay que ganar hasta convertirlo en un hábito: "El hábito de ganar". Tratar de ganar siempre y respetando las reglas. Hay que dar lo mejor de nosotros mismos, para lo cual hay que contar con un excelente acondicionamiento mental, emocional y físico, así como una férrea disciplina y deseo de triunfo. Hay que esforzarse siempre al cien por ciento o más. Hay que dejar cuerpo y alma en la cancha, y quedar desfallecido en aras del triunfo. Por eso el deporte emula perfectamente a la vida misma.

Así que cualquier deporte, considerado como deporte profesional, hay que organizarlo bien para poder convertirlo en un juego con toda la seriedad posible, donde haya reglas, competencias, equipos, público, jueces, premios y, desde luego, dinero, mucho dinero en juego. La ética, como en cualquier actividad, también se hace presente. Por eso, la analogía entre el mundo del deporte profesional y la vida cotidiana resulta interesante.

Para encontrar las similitudes entre la vida —y los sucesos y acontecimientos cotidianos que la componen— y el deporte profesional, basta sólo un poco de observación y análisis.

Por ejemplo, recordemos la analogía de la pelota. Es una metáfora universal, pues cuando se tiene la posesión del balón se tiene el control de la situación, pero ello conlleva una responsabilidad. Uno tiene, entonces, "el mundo en sus manos". En tal situación, se tiene la opción de devolver o soltar el balón, aunque también se tiene la opción de aceptar el reto, lanzar el tiro e intentar anotar el gol o el punto. Así, de esta misma manera, es la vida: momentos y oportunidades, un juego serio donde muchas veces uno tiene la oportunidad —se tiene el balón— pero no se aprovecha ni se actúa.

La frase "traer el balón", usada coloquialmente, ilustra a la perfección la metáfora de la vida que quiero explicar. Desde niños sabemos que quien tiene el balón posee la ventaja sobre los demás. También es común oír la frase "echarse la pelotita", equivalente a querer esquivar la responsabilidad.

Así, es entendible que el deporte sea un reflejo del estado de desarrollo de un país, pues tanto a nivel universitario y amateur, como profesional y semiprofesional, tienen un especial sentido social.

Así mismo, puesto que un equipo o club se considera como una organización, deberá manejarse como tal, lo que nos induce a encontrar también muchos paralelismos entre el deporte y los equipos, y las empresas y las organizaciones civiles y mercantiles, así como las instituciones educativas.

En otros países, hay Ligas deportivas profesionales o universitarias que son verdaderas organizaciones modelo, que logran un sano equilibrio de intereses entre jugadores, público, propietarios de los equipos, directivos, sindicatos, medios de comunicación, árbitros, empresas anunciantes y demás; y coordinado todo lo anterior por el 'comisionado' en turno.

Por último, señalemos que los deportes que se juegan en grupo son los más representativos, ya que ponen de manifiesto el concepto del trabajo en equipo y cumplen, real y metafóricamente, con la razón de ser del hombre.

Un deseo, un sueño y una meta

La vida de todo ganador comienza con un deseo, un deseo ferviente que habrá que transformarlo en realidad. Pero, ¿cómo hacerlo? Recordemos este cuento:

—¿Hacia dónde vamos? —Le preguntó un pájaro a otro que volaba junto a él.

—¿Yo?, ¿cómo voy a saber si yo te sigo a ti?

—¿A mí?, ¿si yo tan sólo te seguía a ti?

—¿O sea que no sabemos a dónde vamos?

—Me temo que no.

—¿Será que vamos hacia donde nos lleve el viento?

—Seguramente sí.

—¿Y el viento sabrá hacia dónde queremos ir?

—Seguramente no.

—¿Entonces, por qué nos dejamos llevar?

—Porque es lo más fácil, supongo.

—¿Por qué no volamos un poco más arriba?...

Muchos se verán reflejados en este diálogo, pues se ha comprobado que la mayoría no sabe lo que quiere o simplemente no le ha encontrado un sentido a su vida.

Como uno se convierte en aquello que piensa y se repite a sí mismo en forma permanente, el pensamiento que nos transforma en ganadores sería:

1. Tener un sueño y convertirlo en objetivo.

2. Recordarlo en todo tiempo y momento.

Éste es el mejor punto de partida. Lo que sigue es hacer un plan, trazar un mapa o ruta que implique un tiempo límite y una serie de etapas o pasos que nos permitan saber que vamos en el camino.

El pilotar un avión para llevarlo a buen fin es una buena analogía que ilustra cómo llevar a buen puerto nuestro propio proyecto de vida. Veamos:

Todo viaje implica un despegue, un trayecto y un arribo o meta final, pasando por metas intermedias. Implica cumplir un tiempo o plazo límite, conocimientos específicos y cierta práctica o experiencia previa. Requiere un mapa para verificar la ruta, prever el suficiente combustible o energía y mentalizarnos y comprometernos para el viaje.

Podemos viajar solos, aunque sería mejor viajar acompañados de nuestra familia y de un cierto grupo de personas a las que guiaremos también. Es en ese momento cuando nos convertimos en líderes.

Un buen despegue o arranque es básico y simula a un águila que levanta el vuelo. Más tarde, en pleno viaje, lo importante es saber qué hacer en los momentos de peligro; es aquí donde se demuestra nuestra verdadera capacidad, nuestras aptitudes y habilidades. Pero el momento crítico es el aterrizaje, equivalente al llamado "momento de la verdad".

Resulta obvio que el propósito es llegar a la meta, terminar nuestro proyecto y ¡ganar el juego! Soñar y luchar hasta conseguir nuestro objetivo, superando los obstáculos. Para tal fin hagamos de los hábitos nuestra mejor arma.

Los hábitos para ganar

El hombre es un ser de hábitos, es decir, somos el resultado de nuestros propios hábitos. Por lo tanto, para tener éxito hay que aprender a ganar y convertirlo en un hábito, el mejor de los hábitos. Visto así, el éxito es un hábito, un conjunto de grandes y pequeños buenos hábitos que se deben adquirir y desarrollar si se quiere ser un ganador. Los buenos hábitos deben convertirse en normas de conducta y en reglas de vida.

Dentro de este contexto hay que entender que el éxito es de carácter individual y, por lo tanto, la lista de los hábitos del éxito difiere para cada persona.

Antes de explicar el proceso tengamos en cuenta que hay un conjunto de conductas o comportamientos naturales derivados de los dones o aptitudes que poseemos en forma congénita. Como son virtudes que traemos de nacimiento, su desarrollo se realiza en forma natural.

Sn embargo entendamos que hay otro conjunto de conductas que se refieren a aquellas habilidades y cualidades que se adquieren y desarrollan en base al proceso de que debe seguir cualquier hábito. Éste es el caso de la gran mayoría de las personas.

La lista de hábitos de la página siguiente es genérica. Es la tabla de los hábitos para ganar. Todos están a nuestro alcance. Califíquelos y califíquese usted mismo:

Los hábitos para ganar

Hábitos de preescolar: sólo para "sobrevivir"

Salude y sonría; cepíllese diariamente los dientes; duerma bien y sólo lo suficiente; aliméntese de manera saludable y cene en forma ligera; respete la fila; sea breve en el teléfono; busque siempre algo que hacer y evite el ocio; tome a diario suficiente agua; perdone y olvide, evite cargar con ese lastre; aprenda a expresarse; tome conciencia de que el día más importante es hoy; piense, razone y decida; respete el tiempo de los demás; cuide su salud; cúbrase la boca al bostezar; practique el principio del orden; ponga la basura en el bote; manténgase en su peso.

Hábitos de primer año: el "ABC" del éxito

Domine lo básico de su profesión u oficio; haga ejercicio constante; no falte los lunes al trabajo; considere el trabajo como una bendición; no critique en forma negativa; visualice en su mente cómo desea llegar a ser; no estacione su automóvil en doble fila; sea siempre parte de la solución y no del problema; busque una razón para vivir y superarse; ame a su familia; adáptese al medio y a las circunstancias; siempre vaya tras un objetivo; llame por teléfono a su madre o visítela; sea leal y sincero; no fume, pero si lo hace tire las colillas en los depósitos.

Hábitos de sexto año: para estar en la "jugada"

Lleve a sus hijos pequeños a la escuela; sea propositivo; ceda en cosas sin importancia; no hable mal de nadie y menos en su ausencia; administre bien su tiempo; cuide su apariencia personal; evite la monotonía; haga las cosas que tenga que hacer y evite el mal hábito de posponer; haga de la humildad su escudo; irradie siempre optimismo; utilice la razón como arma suprema; sueñe pero también actúe; comuníquese eficazmente; sea prudente y tolerante; diviértase con su trabajo; ambicione con legitimidad; aprenda a darle a los problemas su real dimensión

Hábitos de graduado: para ciudadanos de "primera clase"
Haga del estudio y la lectura sus mejores hábitos; actúe con seguridad y firmeza; si se queja, presente también soluciones; reconozca a sus verdaderos amigos; sea selectivo para ver televisión; enseñe a orar a sus hijos; no dé su firma de aval; haga de la disciplina su norma de vida; aprenda a tocar un instrumento musical; ahorre el 10 por ciento de sus ingresos; aprenda a trabajar en equipo y reparta los méritos; diga siempre cosas interesantes; sea congruente y auténtico; ayude a los ancianos; tenga un buen sentido del humor; aprenda el arte de sacar conclusiones.

Hábitos de posgrado: para jugar en "ligas mayores"
Haga, con frecuencia, la sobremesa con sus hijos; rescate lo bueno de los demás; conserve su originalidad; sea perseverante y tenaz; dese tiempo para meditar; manténgase motivado; aprenda a decidir bien; defienda sus ideales; pague sus deudas con prontitud; aprenda a escuchar; acéptese como un individuo que vale mucho; sea agradecido, no es tan difícil; dé paso a su creatividad; alimente a diario su espíritu; memorice algunas poesías; báñese con agua fría; acepte el triunfo con ecuanimidad; dé abrigo a la virtud; observe la naturaleza; no se tome nada en forma personal.

Hábitos para el doctorado: sólo para "gente grande"
Aprenda a administrar sus ingresos; reconozca sus errores y enmiéndelos; ame a su cónyuge; consérvese delgado; lea los diarios; manténgase actualizado en su profesión; practique un deporte con seriedad; trabaje duro pero no se esclavice; tenga una mentalidad triunfadora y sea exitoso en todo lo que se proponga; aprenda y practique la fuerza de la oración; convénzase de que la riqueza depende más de lo que se da que de lo que se recibe; aunque la vida nos regala, a veces, una segunda oportunidad, actúe como si no fuera así; aprenda a relacionarse; aproxímese a la perfección y logre la excelencia; ¡salude otra vez y vuelva a sonreír!

J. A. Razo ©

El primer paso es hacer una lista de los hábitos que le interesa adquirir y desarrollar. El segundo paso consiste en adoptar una actitud positiva a fin de poner en marcha su plan o programa. El tercer paso es aprender la actividad que queremos transformar en hábito. El cuarto paso, que es fundamental, consiste en tomar conciencia del hábito que vamos a adquirir. El quinto paso es practicar el tiempo necesario según la actividad de que se trate hasta que entremos al sexto paso que consiste en lograr pasar la actividad ahora convertida en hábito a un plano subconsciente e integrarlo como parte de nuestra propia naturaleza.

Como ya lo mencioné, el conjunto de hábitos seleccionados es diferente en cada persona según su profesión u oficio, ya que no serán los mismos para un deportista que para un músico, para un ajedrecista o para un boxeador.

He anotado, a propósito, estas dos profesiones tan disímbolas pues quien desconoce los hábitos de un ajedrecista, lo probable es que no sepa que el excampeón del mundo Garry Kaspárov, entrenaba consistentemente y corría antes del amanecer en forma tal que podría creerse que era un boxeador en sus ejercicios matutinos.

Concluyendo este punto, un buen axioma sería:

"El éxito es el resultado de la práctica cotidiana, a través del subconsciente, de los buenos hábitos."

Sin embargo, la mayoría de los hábitos enlistados —como el que acabamos de ver referente a hacer ejercicio en forma cotidiana—, son necesarios para casi todos los humanos, pues se refieren al cuidado personal, a las destrezas individuales, a la responsabilidad familiar y al buen convivir en sociedad. De cualquier manera, tome en cuenta que la lista es enunciativa y no limitativa, por lo que usted podrá modificarla a su criterio, aumentando otros hábitos, por ejemplo, que tal si considera agregar el hábito de leer las etiquetas de información nutrimental y contenido energético de los productos y alimentos que consume. También puede cancelar alguno de la lista si así lo considera por tenerlo ya previamente incorporado en sus hábitos de su 'yo' subconsciente.

Así también, aunque he agrupado la lista de hábitos en seis niveles según su grado de dificultad e importancia, cada lector podrá hacer los ajustes y cambios que considere prudente según su criterio y de acuerdo a sus cualidades, aptitudes y habilidades.

Otra idea que puede realizar sería la de hacer una sección especial elaborada por usted que contenga una lista de malos hábitos, vicios o manías que quiere y necesita cambiar; por ejemplo, un mal hábito bastante arraigado en nuestro medio es el de posponer las cosas; uno va dejando las tareas hasta el último, y al final, "al cuarto para las doce", se terminan haciéndolas en forma apresurada. Otros más, por mencionar unos cuántos, serían el nocivo hábito de acumular cosas, el de la impuntualidad y el gravísimo mal hábito de la informalidad, propia de la idiosincrasia del mexicano. Todos estos cambios y adaptaciones hágalos cuando se encuentre tranquilo y relajado. Envíeme alguna nota por correo si así lo considera. Ver página 248.

Ahora, elabore un plan a seguir y tómelo como un reto, un verdadero reto personal.

Una tarea más será identificar en la lista cuáles son las habilidades esenciales para su desarrollo profesional, las cuales deberá transformar en hábitos, sin que esto signifique que pueda dejar de lado los restantes de la lista. También aclaro de una vez, que muchos piensan que ganar o triunfar en el trabajo equivale al éxito, lo cual es sólo parcialmente cierto, pues tan importante es ser un buen profesional como triunfar en la vida personal y familiar; de otra manera, el éxito es incompleto.

Anote en una hoja los hábitos que sean más importantes para usted y póngalos a la vista en diferentes sitios, a fin de que los tenga que ver y leer diariamente. Una vez que ya los haya adquirido podrá felicitarse e irlos borrando, pero, en seguida, anote otros.

Es de una aceptación ya general que para convertir en hábito una cierta actividad, debe ejercitarse durante veintiún días. Esto es un paradigma que usted debe cambiar dependiendo de su capacidad, destreza y fuerza mental. No se confíe y lea la lista, los apartados o los capítulos tantas veces como sea necesario.

"Cambie el paradigma. Usted y su mente son los que deciden el tiempo necesario para cambiar un hábito."

Así, esta tesis del éxito basada en la práctica de los hábitos divididos en tantos grupos como usted decida, requiere de consistencia, perseverancia y tenacidad a fin de no quedarse a mitad de camino.

Lo meritorio en un individuo es adquirir y desarrollar aquellos hábitos que no formen parte de sus dones naturales, sino que, para poseerlos, haya tenido que vencerse a sí mismo para después integrarlos en su vida cotidiana.

Como ejemplo, pensemos en un personaje como John F. Kennedy, que nació con el don de la palabra por lo que expresarse con propiedad era para él algo natural. Pero nunca será plausible vanagloriarse de los dones que poseemos; en todo caso debemos dedicarnos a su perfeccionamiento. Caso contrario fue el de Demóstenes quién habiendo nacido sin ese don, se propuso adquirirlo y desarrollarlo, hasta lograr ser un gran orador.

Una situación fundamental y que pasa desapercibida por la mayoría, son los hábitos adquiridos en la infancia. Se ha demostrado que los hábitos adquiridos en edad temprana quedan arraigados de por vida. Por tal motivo los adultos tenemos una especial responsabilidad de guiar a los pequeños por el camino de los buenos hábitos. Si usted fomenta en un niño los buenos hábitos, éste crecerá no sólo físicamente, sino intelectual y espiritualmente. Tal vez pueda regalarle una pelota y observar sus habilidades. Qué tal si le dice: «Hijo, tú tienes mucho talento y que nadie te diga lo contrario».

Tim Hardaway, jugador exestrella de basquetbol de la NBA, comentó en cierta ocasión: «Cuando era niño, tuve una pelota de basquetbol en mis manos y desde ese momento supe que iba a ser basquetbolista».

El gran director Enrique Dimecke recuerda que desde pequeño escuchaba música clásica por su propia iniciativa. Jugaba (soñaba) a ser director de orquesta y se colocaba frente a un tablero en el que las piezas de ajedrez eran los músicos. Mostraba gran avidez por aprender. La práctica intensa y constante lo condujo al éxito.

Este principio de la práctica constante e intensa resulta de aplicación universal, pues todo estudiante sabe que, si no se ha preparado bien durante el semestre, difícilmente lo podrá hacer en dos o tres días antes del examen. Igual sucede con cualquier otro proyecto, tarea o actividad.

Entre los hábitos para ganar no debemos olvidar el hábito de la correcta alimentación y nutrición: qué tal si, desde ahora, come en forma más saludable y con más inteligencia.

Para Winston Churchill, el dormir la siesta resultó un hábito clave. Curiosamente ahora se sabe que, en países como China, la siesta es un derecho constitucional y en Japón es un derecho y obligación a la vez.

Se comprende así que, a todos los triunfadores en cualquier ámbito, el éxito no les ha resultado fácil. Adquirir y conservar los buenos hábitos siempre representarán un real reto para cualquier ganador.

Regrese a las páginas 28 y 29 y lea otra vez la tabla de los hábitos del éxito; haga su propia lista ¡y empiece ya!

"El éxito no es un hecho aislado ni casual, sino el resultado de un 'habitual' proceso."

Más allá de la zona de seguridad

Para ganar hay que arriesgar. Sin embargo, la mayoría no quiere correr riesgos. A los seres humanos nos angustia lo desconocido y todo aquello que pone en riesgo nuestra seguridad y comodidad; preferimos seguir en nuestro empleo y cobrar nuestra quincena en vez de independizarnos; continuar en la misma escuela, en vez de cambiarnos a otra con mejor perspectiva; conservar nuestra cartera de clientes, en vez de lanzarnos a abrir nuevos mercados; no nos atrevemos a cambiar nuestro lugar de residencia; nos volvemos costumbristas y preferimos una cómoda mediocridad; sin exagerar, se podría afirmar que hay quien nace y muere en la misma cama, rodeado de sus mismas pertenencias.

La incertidumbre y el temor a lo desconocido nos llegan a causar verdadero pánico; el sólo pensar en la posibilidad de un fracaso nos enferma. Sólo una minoría, al contrario de los que prefieren quedarse y moverse en la llamada zona de seguridad, se atreve a explorar más allá de esa línea que nos hace sentir seguros; esta minoría es la que se arriesga a caminar sobre zonas inciertas poniendo en juego su futuro; tal actitud es propia sólo de los ganadores, de aquéllos que ambicionan el éxito.

"Para avanzar en la vida se requiere dar siempre un paso más allá de la zona de seguridad."

Es famoso el cuento del aguilucho que se crio en un gallinero, de modo que cuando creció y se convirtió en águila, influido por las timoratas gallinas, no se atrevía a brincar la cerca que limitaba el corral, pues desconocía su facultad de volar, de volar a grandes alturas.

Igual sucede con los humanos, pues el temor a lo desconocido y el propio desconocimiento de nuestras aptitudes nos impiden ir más allá de la zona de seguridad, transformada en zona de comodidad. Por eso nuestras verdaderas capacidades permanecen adormecidas y muchas veces ni las conocemos. Es de vital importancia conocer nuestros dones y virtudes para luego atrevernos a desarrollarlos a pesar de los riesgos que implique el ir más allá de la zona conocida.

Si aplicamos este principio a la vida familiar, nosotros, como padres, debemos permitir que nuestros hijos vayan un poco más lejos, que tomen ciertos riesgos y exploren sus propias virtudes y capacidades, lo cual, paradójicamente, les dará seguridad. Dejarlos ir más rápido en su bicicleta, permitirles investigar más allá de su tarea, enviarlos a estudiar a otra ciudad, dejar que trabajen en el verano o que aprendan artes marciales, son unos ejemplos. Se debe cuidar a los hijos, pero nunca sobreprotegerlos, pues esta actitud resultará contraproducente y los volverá dependientes. Debemos permitir que nuestros hijos decidan por ellos mismos, indicándoles los límites permitidos y los riesgos si los rebasan. Por fortuna, los programas actuales de los buenos colegios y universidades tienen presente esta situación y a los jóvenes se les induce a desarrollar un espíritu emprendedor, actitud que aplicarán posteriormente en su vida personal y profesional.

"Después de haber saltado la barda, de pronto uno se da cuenta de que ya está en el jardín."

Al tomar un riesgo se deben ponderar las probabilidades de acertar o fallar. La prudencia y el sentido común deben ser compañeros de viaje de la temeridad y la osadía. Tomar decisiones prematuras equivale a jugar volados cuando las probabilidades de ganar son del 50 por ciento; tampoco debemos pensar que las decisiones se deben tomar con un 100 por ciento de seguridad en el resultado, lo cual carece de sentido. Tome sus decisiones cuando tenga un margen razonable de probabilidades de ganar, pida ayuda cuando se trate de temas que no domine y, además, recuerde que conforme avance el camino se irá definiendo cada vez más.

De este modo, para salir del punto muerto producido por un estado de conformismo y comodidad se requiere actuar, es decir, moverse y avanzar a pesar de que a veces la brecha sea desconocida. Actuar hará que nuestras capacidades se desarrollen y entremos en una fase de crecimiento personal que nos dará seguridad y elevará nuestra autoestima; nos daremos cuenta de que "sí se puede".

Escuche a su sexto sentido y a su intuición. Una manera de controlar el temor, el estrés y la incertidumbre ante un posible fracaso es valorando, con objetividad, lo peor que podría sucedernos si los resultados no se dieran. Trate de avanzar en sus proyectos con firmeza, decisión y valentía.

Así que, en vez de seguir recibiendo sus cómodas y seguras quincenas, o vivir una quimera, promuévase un ascenso, arriésguese y vaya más allá de su zona de seguridad. Sólo así sabrá lo que hay del otro lado de la barda; atrévase y brínquela, el triunfo lo estará esperando. Si todos los triunfadores lo han hecho, ¿usted por qué no?

2

EL ASCENSO ES PASO A PASO

Soñar despierto día a día

> Cada paso firme que damos
> nos infunde seguridad y nos
> impulsa hacia el siguiente.
>
> J. A. Razo

La libertad de elegir

LA LIBERTAD ES UN DERECHO QUE AL EJERCERLO NOS HACE crecer como personas y permite que nuestras virtudes se vuelvan mejores. Esta libertad es la que hace que nosotros elijamos convertirnos en ganadores o perdedores. Por eso debemos decidir, ante todo y, sobre todo, ganar. Si bien la decisión no es tan directa o sencilla como si fuera una varita mágica, sí queda determinada indirectamente por nuestras acciones y nuestros hábitos.

¿Alguna vez se ha preguntado quién soy, por qué y para qué vivo? Si recordamos a Gabriela Mistral en su poema *El placer de servir*, responderíamos que ésa es la principal razón de nuestra existencia, la de servir; otros dirían que lo que se busca es ser feliz; yo podría asegurar que lo importante es trascender, vivir a plenitud cada momento y dándole un verdadero sentido a nuestra existencia.

Si usted tiene algo que hacer, algo que desear y alguien a quien amar, su vida tendrá un propósito, seguramente será más llevadera, saludable y productiva, y su capacidad de soñar le hará aproximarse a la felicidad y seguramente en muchas ocasiones alcanzarla.

El decidir bien nos convertirá en ganadores. Hay tres decisiones trascendentales que marcarán por siempre nuestra existencia:

1. La elección de nuestros estudios universitarios.
2. La elección de nuestro trabajo o *modus vivendi*.
3. La elección de nuestro cónyuge o pareja.

Los tres son tan importantes que es difícil establecer alguna prioridad. Reflexionemos en que el "decidir no elegir" también es una decisión. Lo sorprendente es que pocos conocen lo anterior; y los que lo saben, permiten, por apatía o indiferencia, que otros o las circunstancias decidan por ellos. El resultado es que su vida se vuelve un fracaso o, en el mejor de los casos, mediocre. De modo que se requiere de una gran fuerza de carácter a fin de que usted no permita que la vida o los acontecimientos lo arrollen. Usted debe elegir con libertad y responsabilidad, y si se equivocó deberá corregir pronto el rumbo. Sin embargo, como la mayoría de la gente se resigna y acepta lo que llaman "destino" o "mala suerte" aun teniendo muchas veces la solución al alcance de la mano, se pasa la vida sin dedicarse a hacer lo que realmente quisiera.

Si usted ha tenido la fuerza de voluntad y el carácter para decidir, habrá dado un gran paso en su vida para lograr el éxito tanto personal como profesional. Si usted hace lo que realmente le agrada y ha elegido su quehacer de tal manera que siempre realiza su mejor esfuerzo, ¡ya la hizo! La consecución de sus metas y el éxito no tardarán en llegarle. Usted se transformará en un ganador.

Todavía no hace demasiado tiempo, los padres decidían por los hijos, negociando su matrimonio y haciéndolos casar con quienes ellos querían. Parece que tal aberración ha quedado en el pasado.

En cuanto a la educación escolar, las mujeres se quedaban sin estudios por los atavismos que existían y porque los padres pensaban que estudiar no era de utilidad; decían: «Al fin que te vas a casar». Los varones "elegían" la misma profesión que el padre, ya sea por tradición o por imposición de él. Estas costumbres aún no han terminado de erradicarse. Es usual que, si el hijo manifiesta una vocación poco común, el padre lo obligue a estudiar una licenciatura y sólo hasta después de concluida le autorice dedicarse a la actividad que el joven eligió. Esto es cuestionable y la explicación que se da es: «Si fracasa en lo que ha elegido, ya tiene una carrera de apoyo». Esto no significa que no se le deba pedir al hijo que vaya a la universidad; pero no como un "paraguas" en su vida, sino con la convicción de que los estudios le enseñaran una disciplina, un nivel cultural y una capacidad de expresarse mejor.

Un error que los jóvenes cometen, en un afán de demostrar una falsa independencia que los hace precipitarse y cometer tonterías, es que se van de casa, abandonan sus estudios o se casan prematuramente por no haber tenido la debida orientación sexual. Es un error garrafal que hay que corregir.

En cuanto a la elección del trabajo, las necesidades o circunstancias predominan aun sobre nuestra voluntad; por eso terminamos haciendo las cosas sin el gusto y la pasión que se requiere para "ser el mejor" en lo que se haga. También sucede que cuando elegimos mal la carrera universitaria, se termina trabajando en otro campo diferente al que se estudió.

Ante todas estas circunstancias no es fácil elegir libremente. Si usted ya lo ha logrado y está en el camino correcto, lo que sigue es mantener un sano equilibrio entre los factores que giran sobre usted, como son su vida privada, su salud, su familia, su vida profesional y su entorno, evitando caer en un torbellino que lo enferme.

> **"Elegir el rumbo correcto es tan esencial como mantenerlo a través de un sano equilibrio entre los diversos factores que giran sobre uno."**

También hay que tener presente que todo exceso es perjudicial; hay que saber cuándo parar. Muchos ignoran este límite y ponen en riesgo su vida.

Si analizamos la trayectoria de los grandes hombres y mujeres, vemos que desde temprana edad ya tenían un sueño, habían sentido el llamado de su vocación y vigilaron que sus acciones siguieran ese rumbo, como una brújula, manteniendo su dirección hacia un objetivo. En paralelo con este objetivo, siempre se preocuparon por prepararse y terminar una carrera universitaria. Muchos trabajaron y estudiaron al mismo tiempo.

Otra característica de los ganadores es que son gente que trabaja duro y están siempre dispuestos a luchar, pues las cosas normalmente no les resultan fáciles y, al contrario de lo que se cree, su vida no ha sido miel sobre hojuelas. Para estos seres ganadores sus familias también han sido su prioridad.

Sólo queda recordarle que elabore un plan de trabajo y tenga la voluntad de enderezar el rumbo cuando sea necesario. Y no olvide que "la libertad de elegir" también se refiere a los aspectos económicos y políticos, tanto individuales como de la sociedad entera a la que pertenecemos dentro de un país y dentro de una economía de libre mercado y en un mundo globalizado, evitando así la tiranía de los controles impuestos por el Estado, como bien lo explica Milton Friedman en su libro, ya clásico, *Libertad de elegir*.

Inspirarse en los mejores

¿Es válido y legítimo mantener nuestro sueño inspirándonos en otros seres? Mucha gente, incluyendo individuos expertos en motivación, psicólogos y educadores, creen que al motivarse a través de otros se produce un efecto de imitación que hace que dejemos de ser nosotros mismos, perdiendo nuestra propia identidad. Yo no pienso igual, antes bien estoy a favor de tener muchas fuentes de inspiración o modelos de conducta.

"Uno puede inspirarse en otros sin dejar de ser uno mismo y sin perder la identidad."

El concepto de imitar a alguien, así a secas, puede parecer negativo o al menos ambiguo, pero lo cierto es que es tan positivo como uno mismo quiera; desde luego que no es fácil, pero si actuamos con cuidado producirá un efecto favorable en nosotros.

Es decir, usted puede tomar uno o varios personajes que le servirán como modelos de conducta para salir adelante en sus proyectos. Inspirarse en alguien en su justa medida nutrirá su conducta en vez de deformarla. Esto implica conocerse a uno mismo, saber de sus puntos fuertes y carencias, y saber tomar, en una especie de adopción, lo bueno y positivo de esos modelos, quienes en cierta forma nos pertenecen, tanto como nosotros mismos queramos. Pueden ser personajes de otras épocas o bien seres de carne y hueso que usted puede llegar a estrecharles la mano. No podemos negar que el pensar, sólo pensar, en estar junto a nuestros héroes, que en muchos casos idolatramos, saludándolos, abrazándolos o sosteniendo una conversación, hará que nuestro corazón palpite más fuerte, que nos sintamos motivados y que la adrenalina se segregue y nos llenemos de energía, ímpetu y entusiasmo.

Dentro del deporte, atletas de excelencia como Lionel Messi, Serena Williams o Lewis Hamilton en un principio se sintieron inspirados por la imagen de otros ya consagrados. Luego, dotados de una personalidad propia y arrolladora, se han convertido en mitos vivientes y en rompedores de los paradigmas existentes, terminando por imponer su propio modelo, el cual ha servido de inspiración a millones de seguidores por su comportamiento ejemplar.

De modo que elabore y utilice su propia lista de modelos de conducta. Prepare una con unos veinte individuos, hombres o mujeres, vivos o ya fallecidos, a quienes admira y que mucho le gustaría ser como ellos. Piense en seres maravillosos cuya vida ejemplar ha trascendido en su campo de acción. Con seguridad, la lista será diferente para cada persona. Revísela por semana y actualícela cada mes. Tome en cuenta que su lista es enunciativa y podrá modificarla cuando así lo crea necesario. Su lista deberá incluir gente virtuosa, tanto en lo que se refiere a su profesión u oficio, como a las demás actividades o aspectos de su vida, ya sea el deporte, el arte, la religión —a pesar de lo discutible que pudiera resultar— y hasta la política, pues, aunque parezca difícil de creer, también hay individuos dignos de admirar por sus principios y honestidad. Igual sucede con la ciencia, el mundo de los negocios y otras muchas disciplinas, tantas como a usted se le ocurran.

Su lista debe ser tal, que al pensar en ellos sienta que se le sale el corazón por la emoción y admiración subsecuente. Deberán ser entes singulares cuyas acciones de liderazgo, audacia e inteligencia sean difíciles de igualar y cuya vida ejemplar sea como un resplandor sin sombra que ilumine su sendero.

"Los ganadores siempre están dispuestos a servirnos de guía en el camino hacia nuestro propio éxito."

La útil sentencia de Lee A. Iacocca: «Conviva siempre con los mejores», nos exhorta a reunirnos con gente capaz y talentosa que nos hará crecer en beneficio propio. Una vez que ya vayamos ascendiendo, podremos, a la vez, ayudar a los demás a escalar los peldaños necesarios para su propia evolución y crecimiento. Esto debiera ser una ley.

Hay que tener presente que los seres triunfadores tienen fama de ser respetuosos con la gente de mayor edad que ellos, pues siempre los han sabido escuchar con atención. Es una actitud inteligente y sabia, ya que ellos son la voz de la experiencia.

Imite, pues, a los "grandes" e inspírese en ellos. Pronto se dará cuenta, durante el proceso, de que puede ser mejor que sus propios ídolos que le han servido de guía. Aplique esto en su vida personal y entregue su máximo esfuerzo sin pensar en los beneficios económicos; éstos llegarán por sí solos. Entréguese a plenitud a su quehacer... Pronto será un ganador cuya obra o proyecto trascenderá.

El ascenso es paso a paso

Partamos del principio de que tan importante es tener un propósito en nuestra vida y vivir el momento como el de avanzar gradualmente. Tener una gran meta final e ir consiguiéndola con avances parciales resulta tan obvio que se nos olvida. Muchas veces queremos comernos el mundo a puños y nos atragantamos. Otras veces nos falta la tenacidad y constancia necesaria, pues avanzamos un trecho y luego abandonamos nuestro plan, porque queremos el triunfo fácil y a corto plazo.

Así sucede en el deporte, pues con frecuencia cuando el aficionado o el jugador de barrio se vuelve profesional, pierde la autenticidad de aquella pasión en donde prevalecía el orgullo y dolía perder. Por eso su ascenso al profesionalismo debe ser gradual a fin de que acepte su nuevo nivel de responsabilidad y siga disfrutando del juego.

Pensemos en los campeones que han logrado hacer una sabia mezcla de sus dones naturales y el desarrollo de sus grandes habilidades como resultado de su esfuerzo, disciplina, constancia y talento.

Sin embargo, lo que importa subrayar aquí es que el éxito o resultado final deberá lograrse poco a poco, "paso a paso", centímetro a centímetro. Recordemos otra de mis definiciones del éxito:

**"El éxito verdadero es el resultado de una
Sucesión ilimitada de esfuerzos continuos."**

Si este principio lo unimos con lo ya explicado referente al éxito como resultado de la aplicación de los buenos hábitos en la vida diaria y cotidiana, nos volveremos inexpugnables. Esta fórmula, de los logros paulatinos y esfuerzos constantes, parece sencilla, pero en la realidad no es así. Se puede hacer un esfuerzo especial un día, se puede ser excelente por unos momentos, pero hacerlo todos los días y ser eficaz siempre, ¡vaya que es difícil!

Pero atención: si usted no está dispuesto a hacer un esfuerzo continuo, es decir, todos los días, entonces no está dispuesto a lograr el éxito; de modo que puede usted cerrar el libro y dedicarse a otras actividades que tal vez le resulten más divertidas. Pero si quiere realmente hacerlo, entonces subraye los párrafos anteriores y siga adelante. ¡Felicidades! Me vienen a la mente, por ahora, los casos de individuos que han confesado que no dejaron un solo día de ejercer su oficio; la perseverancia era su mejor divisa. Recapitulemos lo analizado hasta ahora:

*** Se debe tener una meta o propósito en la vida.**

*** Se debe creer en él y convertirlo en un sueño.**

*** Se debe alimentarlo día tras día y paso a paso.**

Así como es vital que desde niño uno sienta el llamado de la vocación, también resulta fundamental el dejarse guiar por los consejos de nuestros padres. Tan importante es que desde niños tengamos una meta convertida en sueño, como el avanzar hacia ella paso a paso.

Se podría cuestionar si cada paso que se avanza no es una meta en sí misma, o que si cada meta no es un objetivo a la vez. Hay mucho de cierto en esto, pues de hecho cada meta se puede dividir en tantas etapas, objetivos o metas parciales como uno quiera. Sin pretender entrar en cuestiones semánticas, a lo largo del libro estamos considerando a los vocablos "meta" y "objetivo" como equivalentes.

Veamos un caso: si usted quiere perder diez kilos de peso en seis meses, esa será su meta principal, pero usted sabe, al igual que la gran mayoría, que no perderá los diez kilos de un día para otro, ni tampoco que no se esperará hasta los últimos días del plazo para tratar de conseguir su meta: lo prudente y lógico es que usted haga un plan por etapas o metas parciales para lograr, "paso a paso", acercarse hacia el objetivo y así llegar a la meta final. Si usted se propone perder 1.6 kilos cada mes, ésas serán sus metas o pasos parciales; perder medio kilo por semana es otro modo de verlo, pero a usted le toca decidir esos pasos intermedios.

Otro ejemplo: una carrera universitaria está dividida normalmente en diez semestres, los cuales servirán de metas parciales y que usted deberá aprobar a fin de demostrar su solvencia académica; así, "paso a paso" avanzará hacia su objetivo principal; a su vez, cada semestre se divide en exámenes parciales o mensuales, según sea el caso.

Otro ejemplo más: si usted quiere lograr el primer lugar en ventas en su empresa, tiene que elaborar una gráfica para señalar su meta con toda precisión y así pasar de lo subjetivo o apreciativo a lo medible u objetivo. Tiene usted que saber qué lugar ocupa y qué hará para ir subiendo cada escalón o paso; deberá aprender a competir y a ganar dentro de un plazo fijado.

Lograr el éxito mediante el método de pasos o etapas intermedias es realmente universal y, por lo tanto, se puede aplicar a su situación particular. ¿Quiere usted bajar de peso?, ¿quiere ser un experto en finanzas?, ¿quiere hablar un idioma extranjero?, ¿quiere ser un jugador fuerte en ajedrez? ¿Sí?, pues decídase a hacerlo, pero "paso a paso", no conozco otro método mejor.

"Ser ganador requiere establecer el objetivo principal y los pasos o metas intermedias."

Los hombres y mujeres célebres que han existido, siempre tuvieron sueños que, para convertirlos en realidad, tuvieron que alimentarlos consistentemente avanzando "paso a paso". Cada triunfo parcial los motivaba y a su vez les daba confianza. Su mentalidad, de la cual se hablará en el capítulo 5, resultó fundamental. Avanzar más rápido de lo permitido o de lo que señala el sentido común, implica un riesgo que no es aconsejable correr.

"¿Cómo superar los obstáculos y lograr sus metas? ¡Paso a paso! No concibo otra forma de hacerlo."

Yo amo lo que hago

Recordemos este sabio consejo: "Debemos de dedicarnos a hacer lo que nos gusta y encontrar quien nos pague por hacerlo".

Para alcanzar nuestros objetivos y lograr el éxito, debemos convertirnos en seres apasionados. Pero hay que entender la pasión —en su connotación correcta— como un amor exacerbado hacia todo lo que hacemos, hacia nuestra familia y hacia lo que nos rodea. La pasión es equivalente a una entrega sin límites en un acto sublime de concentración mental. En nuestro caso no se debe asociar con el sentido negativo del término.

La pasión —amor sin límite— debe formar parte de nuestra vida cotidiana y hacer que cubra todo nuestro espacio. Para que eso suceda debemos concentrarnos en lo que hacemos, olvidando los demás problemas. Si actuamos, lo demás se irá componiendo sobre la marcha.

No se debe cometer el error, tan común, de arrastrar con los problemas todo el día, o toda la vida, como una carga a cuestas. Deje los problemas en casa y concéntrese en su trabajo. Luego llegue a casa y entréguele todo su amor y tiempo a su familia.

Boris Spassky, el excampeón ruso de ajedrez, declaró una vez: «Amo el ajedrez, es como mi vida». Poco tiempo después, Bobby Fischer, el célebre excampeón estadounidense que le arrebató el título, corrigió al excampeón ruso declarando a la prensa: «Yo amo este juego, pero debo decir que no es como mi vida, ¡es mi vida!».

Para ser un verdadero campeón de su especialidad, se tiene que llevar en las venas; si no, uno se pierde en la mediocridad. Uno debe de entregarse a su quehacer total y plenamente. Pensar sólo en lo que se está haciendo. Curiosamente esto hará que nuestra mente esté más clara para analizar después algún problema, por lo que encontraremos una mejor solución. Nuestro quehacer es como una verdadera terapia que nos relaja y ayuda a resolver los problemas.

Steve Nash, exjugador estrella del basquetbol de la liga NBA, con dos trofeos MVP, tenía tanto amor por el juego, que llegaba hasta con tres horas de anticipación a los partidos y se ponía a practicar tiros al aro para calentar el brazo y no fallar durante el encuentro.

Igor Zelensky, bailarín principal y director del Ballet ruso Kirov, ha dicho: «Es tan difícil nuestro trabajo que por eso mismo busco disfrutarlo».

El secreto verdadero para saber si usted en realidad ama lo que hace consiste en hacerse estas preguntas fundamentales: ¿Trabajo por gusto o por necesidad? Y ¿sería capaz de trabajar en esto, aunque no me pagaran?

Conteste con sinceridad y se dará cuenta cuánto ama usted su trabajo. Su propio éxito verdadero y la magnitud del mismo estarán en función de lo que responda a estos cuestionamientos.

Hay que amar sin límite lo que hacemos para luego convertirlo en nuestro trabajo y sin tener, curiosamente, como finalidad el aspecto económico. Este punto requiere analizarlo y reflexionarlo bien. Así, convenzámonos que: "amor, pasión y entrega sin límites se llama el juego".

Por otra parte, la fama y el éxito ponen a prueba la madurez del individuo, quien ante los halagos, atenciones y reconocimientos lo hacen perder piso. A este comportamiento, frecuente en los seres humanos, se le conoce como el síndrome del ladrillo. Se presenta cuando alguien, después de ascender tan sólo un escalón en la escalera del éxito —que es como subirse a un ladrillo—, empieza a marearse y a ver a todos por encima del hombro y con desdén, los ve pequeñitos. Es un síndrome bastante común. Hay que aprender a subirse en un simple ladrillo o estar en el más alto pedestal, pero teniendo siempre los pies en el piso.

Los ganadores que logran salvar este obstáculo mental aprenden pronto a trabajar con los demás y a ser su guía. Alimentemos, pues, nuestro sueño, día a día y "paso a paso" a fin de convertirnos en campeones de nuestra especialidad, amando lo que hacemos y consiguiendo el triunfo con nuestro propio esfuerzo. Habrá que renunciar —al menos temporalmente— a las comodidades y estar siempre dispuesto a pagar el precio.

"El hombre ganador sabe rodearse de personas valiosas que entienden su rol y lo encumbran más."

≈ ≈ ≈ ≈

3

EL MOMENTO DE LA VERDAD

Mantenerse en la cumbre

> Más difícil que ascender a la
> cumbre es mantenerse en ella.
>
> J. A. Razo

La brújula y el reloj

GANAR DIFÍCILMENTE SERÁ PRODUCTO DE LA CASUALIDAD. Ganar es el resultado de un proceso, en el que la perseverancia es un factor esencial. Perseverar consiste en mantener constantes nuestras acciones en la prosecución de un objetivo. Sí, la gota de agua perfora la roca no por la fuerza sino por la constancia con la que cae.

¿Cuántos proyectos ha dejado usted inconclusos? Tal vez no le ha dado importancia a este cuestionamiento, pero al subconsciente no se le puede engañar y éste los va registrando, de modo que, con el tiempo, y aunque usted no lo perciba en forma consciente, irá perdiendo confianza en sí mismo al ver que no es capaz de realizar algo bien y completo, y su autoestima disminuirá. No me tome como inoportuno, pero creo que es el momento de reflexionar en lo anterior; decídase de una vez a comprometerse con toda su fuerza a que todo lo que inicie lo debe terminar. Se debe tener iniciativa, pero también "terminativa". La diferencia está en la perseverancia.

Ya expliqué en los capítulos anteriores la importancia de planear su proyecto y trazar un plan de trabajo. También leyó que si usted quiere triunfar tiene que dedicarse en cuerpo y alma, con todas sus fuerzas físicas y mentales, a su proyecto, fijar un plazo e ir tras la victoria. Si culmina su proyecto, su confianza y respeto hacia sí mismo crecerán. Se sentirá bien consigo mismo y se fortalecerá su espíritu.

La vida está compuesta de actividades en las que usted marca la prioridad, incluso la prioridad del éxito. De modo que usted debe revisar constantemente su tabla de prioridades, decidir qué es lo que quiere y vigilar que vaya en el camino correcto, como si observara una brújula a fin de no perder la orientación. Pero si descubre que va por la ruta equivocada no se obstine y corrija a tiempo. Corregir pronto, dar un golpe de timón, es una virtud, porque el éxito, el verdadero éxito, está basado no tanto en no equivocarse sino en corregir pronto.

Por eso, tan importante es la brújula como el reloj. Tan importante es colocar la escalera en el lugar adecuado como ascender a tiempo. Una vez que ya ha comprobado que está caminando por el sendero correcto, el siguiente paso, y es de lo que trataremos ahora, se llama perseverar.

La perseverancia es la virtud de mantener firmes nuestros propósitos. Se divide, desde mi punto de vista, en dos etapas: antes y después de lograr nuestras metas. Es importante no flaquear durante el proceso hacia la consecución de las mismas, pero más importante es no flaquear después de que las hemos conseguido. Hay que permanecer alertas, especialmente después de que hemos triunfado.

"La perseverancia, en su concepción más amplia, implica el ascenso al éxito y saber permanecer allí."

El éxito verdadero no es un hecho único o aislado, sino que tiene que ser una cadena ilimitada de éxitos. Todos sabemos que una golondrina no hace verano.

María Malibrán, célebre cantante francesa de ópera del siglo XIX, decía: «si descuido un día el ejercicio de mi arte, advierto enseguida la diferencia en mi ejecución; si lo descuido dos días, la advierten mis compañeros, y si lo hago una semana, todo el mundo nota el cambio».

De allí la importancia de tener la brújula vigilante. Es imperativo saber que vamos en el rumbo correcto y así evitar perdernos en el camino.

"La brújula y el reloj son los mejores instrumentos para conducirnos hacia nuestros objetivos."

Pero si hay que cambiar de carril o, si fuera necesario, cambiar de autopista o tomar otra dirección, habrá que hacerlo. Se deberá corregir el rumbo antes de que sea demasiado tarde, pues el reloj no se detiene.

Una vez que ya estamos en el camino correcto, sólo queda perseverar en nuestros sueños, sin desviar la mirada para no retrasar su culminación. La gente fracasa porque se desvía del camino, se vuelve dispersa y luego se pierde.

La práctica continua

La práctica continua nos permite avanzar y al mismo tiempo ir corrigiendo nuestras fallas a la vez que vamos tomando experiencia. Al final alcanzamos la victoria. Esto es equivalente, en cierto modo, al conocido método de aprendizaje basado en prueba y error; sin embargo, no todos actuamos así.

¿Por qué la gente se aferra a sus errores, en vez de reconocerlos?, ¿por qué los ocultan o disimulan? Es difícil explicar la conducta del individuo cuando de reconocer sus errores se trata. No es cuestión de exhibirse, ni de ponerse en ridículo, sino de actuar con carácter y responsabilidad ante los propios actos. Aceptar y afrontar los errores engrandece al hombre, pues ante la evidencia del error, lo correcto es reconocerlo y expresar con honestidad el propósito de enmendarlo. Sin embargo, la conducta común es la contraria y se recurre al "síndrome del avestruz", ocultando la cara, al ver que se ha errado. Reconocer los errores, contrario a lo que cree, no equivale a humillarse. El aceptar equivocarse, sin caer en el cinismo, nos fortalece cuando uno tiene la sana intención de remediar la falla. A fin de cuentas, con quien se tiene que estar bien es con uno mismo.

Para ganar, la clave no está en no equivocarse sino en corregir rápido los errores. En palabras coloquiales, si uno "la riega", no hay por qué negarlo, hay que aceptarlo y, por supuesto, no hay que volver a "meter la pata", al menos en ese punto; no se debe "tropezar con la misma piedra". Defender su error, justificarse y defender su posición, sólo lo conducirá a otro error y luego al fracaso.

"El éxito verdadero depende, no tanto de no equivocarse, sino de corregir pronto los errores."

A veces los errores son terribles y nos conducen a la ruina, pero Rudyard Kipling nos dice en su clásica poesía motivacional "Si...", la más famosa de este autor: «Si todas tus ganancias, puestas en un montón,/ las arriesgas osado en un golpe de azar,/ y las pierdes, y después, con bravo corazón/ sin hablar de tus pérdidas vuelves a comenzar...» A veces es más difícil corregir algo que empezar de cero, pero habrá que hacerlo.

Lawrence J. Peter, el creador de *El principio de Peter*, ya lo decía hace varias décadas en su libro *Las fórmulas de Peter*: «Asegúrate de equivocarte, pero sólo lo suficiente». Dentro de la ironía que utiliza, esto es cierto, pues el perfeccionismo llevado hasta la obsesión terminará perjudicándonos. Habrá que oscilar dentro de un inteligente y sutil equilibrio a fin de poseer la autoconfianza que da la satisfacción de hacer algo bien, pero sin permitir que la obsesión nos domine y luego se nos convierta en arrogancia.

Decía Thomas Carlyle: «Debes conocer a fondo tu labor y trabajar en ella como un Hércules». Daniel Webster, autor del famoso *Diccionario Webster*, tardó 26 años en terminar su proyecto y pasó a la inmortalidad.

Cuando al maestro polaco Arthur Rubinstein, el famoso pianista, le preguntaban cuánto tiempo había tardado en aprender, contestaba: «Doce horas diarias durante veinte años». Sí, debemos perseverar, pues a veces la vida no nos brinda una segunda oportunidad.

Hay que concentrarse y priorizar las actividades, pues al tratar de abarcar mucho se pierde el control, vendrá el desaliento y la deserción en los objetivos. Al fallar, el proyecto queda inconcluso, se debilita la autoestima y nos invade un sentimiento de fracaso.

"Hay que aprender a ver y dominar el bosque en vez de perderse entre los árboles."

Los seres de excelencia siempre han aceptado la posibilidad de mejorar sus habilidades y de realizarlas cada vez con mayor efectividad e inteligencia.

Debemos ser humildes y aceptar que nos corrijan, ya sean nuestros padres, el maestro, el *coach,* los amigos y hasta los enemigos, quienes están siempre dispuestos a señalar nuestras fallas. En la vida hay que ser persistentes, excepto en cometer errores.

"Si usted practica mucho, pero su técnica es mala, será bueno para hacer algo mal."

La vida nos pone a prueba en forma permanente y sólo el que no actúa no corre el riesgo de equivocarse. Sin embargo, el error más grande que cometemos es aquél que, por temor a equivocarnos, nos equivocamos dejando de actuar en el viaje hacia nuestros objetivos. Emerson decía: «Haz lo que temes hacer y puedes dar por segura la muerte del miedo».

El momento de la verdad

Cuando ya superamos los pasos intermedios y estamos próximos a la meta final, se presenta el momento más difícil con el que se enfrenta todo ganador. Es el llamado momento de la verdad. Ha llegado el momento de saber apretar el gatillo.

Ese momento ocurre cuando percibimos el triunfo a la vista; es cuando vemos la bandera de cuadros a unos metros; se siente la victoria al alcance de la mano, casi se puede tocar. Sentimos una energía adicional, un impulso que nace de la mente y del corazón.

Llegado ese momento, las cosas se facilitan como si estuvieran en sincronía. Los seres triunfadores con una mentalidad competitiva encuentran la respuesta para enfrentar al llamado "momento de la verdad".

"Lo que hace a una persona ser extraordinaria es su capacidad de definición en los momentos cruciales."

Sin embargo, es frecuente que suceda lo contrario, es decir, que fallemos en el momento decisivo. ¿Por qué se falla en el momento decisivo? Esto sucede en la vida cotidiana pues cuando ya hemos hecho lo más difícil, cuando se han superado todos los obstáculos, fallamos en el momento crucial.

La preparación mental y la confianza propia de cualquier individuo influyen en cómo resolver este tipo de situaciones cuando la presión o el nerviosismo nos derrotan. Michael Johnson, el ex corredor plusmarquista, lo llamaba "matar al dragón".

En la raza latina hay un factor negativo, de carácter histórico, cuyo origen está en las raíces étnicas. Es lo que nos hace fallar. Es un factor de carácter psicológico al cual tenemos que sobreponernos para poder, en este caso, vencernos primero a nosotros mismos, para luego vencer a los demás. Sólo el tiempo logrará —de hecho, se está logrando—, con el paso de las generaciones, superar este atavismo. Esta situación, aunque no es privativa del deporte, es en él donde toma notoriedad. La vive cualquier individuo, ya sea estudiante, ejecutivo, hombre de negocios, académico, actor, ajedrecista, comerciante o cualquier otro.

Contrario a esta influencia psicológica negativa, se tiene el caso de los individuos que sienten lo que yo llamo "el efecto tierra a la vista", que se presenta cuando ven ya próxima la meta y perciben el éxito al alcance de su mano. Sienten acariciar el triunfo y entonces sucede algo —que parece "mágico" pero no lo es— en su interior que les infunde más energía y los impulsa a culminar su obra, su proyecto o cometido. Es un factor psicológico y mental que hace que se segregue adrenalina y endorfina convertidas en energía y voluntad sin límites y que el individuo aprende a usar a su favor.

Una vez lograda la victoria, aquellas personas que se habían opuesto a sus proyectos no les queda otra alternativa que mirarlo a usted con gran respeto y como un hombre nuevo. El triunfo ahora ya es suyo. Es el momento de tener cuidado con los profesionales de la adulación y también el momento de constatar que su triunfo no fue un hecho fortuito.

En todo gran triunfo se debe ser contundente, de manera que la gente reconozca el mérito y la capacidad del ganador. Hay que tener presente la frase de Ernest Hemingway: «A los campeones hay que ganarles por *nocaut*», pues no hay que dejar duda de los méritos por ser el nuevo campeón. Nadie, en condiciones normales, en cualquier tipo de competencia se ha dejado derrotar o se ha entregado fácilmente. Todo se resume en la siguiente sentencia:

"En cualquier competencia, concurso o en la vida misma, el triunfo se arrebata, nadie te lo regala."

Todos los auténticos triunfadores que conozco tienen, entre otras virtudes, el ser humildes, congruentes y carismáticos, pues piensan que sus triunfos y el reconocimiento de los demás no les otorga el derecho de volverse vanidosos y hasta soberbios. El verdadero triunfador y líder se siente más obligado a ser un guía, un ejemplo y un modelo vivo para los demás, quienes deberán de sentirse potencialmente con las mismas capacidades. El ganador sabe que hay que luchar por el triunfo todos los días, en forma permanente, hasta convertirlo en el mayor de sus hábitos.

"El entender que el éxito puede ser pasajero y hasta efímero, nos permite conservar la humildad."

El triunfo es a veces tan difícil de alcanzar, que bien podría compararse al fenómeno de la creación que se produce cuando un espermatozoide logra fecundar al óvulo. Sí, porque entre millones de espermatozoides en competencia, sólo uno, el ganador, consigue llegar primero y lograr la fecundación, convertida en objetivo o meta. Una vez más se observa que llegado el momento de la verdad, el triunfo se arrebata, nadie lo regala.

El difícil oficio de ganar

Ganar es una emoción que nunca debemos perder. Y es que permanecer en la cumbre del éxito siempre será más difícil que lograrlo. Mantener nuestro sitio, jerarquía e imagen conservando nuestros principios y valores, nos somete a una verdadera prueba.

Si usted ya es el rey de su especialidad, si ya logró su soñado título, si ya consiguió su meta y los obstáculos han quedado atrás, no se confíe ni afloje el paso, pues un ganador, para continuar siéndolo, nunca deberá perder lo que ya es suyo.

Es aquí donde se pone en juego la segunda etapa de la perseverancia, la cual se podría asegurar categóricamente que no es más fácil que la primera, pues permanecer en la cima, evitando el síndrome de "flor de un día", sólo es propio de los verdaderos ganadores quienes se formularán nuevos retos que los estimulen y los mantengan con su capacidad competitiva al 100% o más.

Hay que perseverar antes y después de lograr nuestras metas. La perseverancia en esta segunda etapa presenta matices distintos a los de la primera fase. Una cuestión básica es conservar la humildad.

La postura de "crear fama y echarse a dormir" es obsoleta y arcaica, pues ya no aplica en estos tiempos de permanente cambio y cuando la ventaja competitiva se logra con estrechos márgenes y además debe de mantenerse en todos los órdenes. No olvidemos que:

"Cuál si fuera una ley de la vida, hay que perseverar, pues el camino al éxito siempre está en construcción."

Dentro de este camino sin límites rumbo al éxito verdadero nos encontraremos con piedras en el sendero, algunas convertidas en verdaderos obstáculos, los que sólo con gran tenacidad y perseverancia se podrán superar. Además, recordemos que la vida está compuesta por ciclos, pues el sol no siempre estará sobre el horizonte y debemos de estar preparados para los días nublados y para las situaciones imprevisibles.

"Hay que crear la cultura del triunfo y acostumbrarnos al éxito. Es cuestión de formación y mentalidad."

Ser ganador es un hábito. Hay que "habituarse" a ganar. Para eso debemos crear una cultura del triunfo. Es cuestión de formación y mentalidad. Pocos quieren pagar el precio del éxito pues exige dedicación, compromiso, sacrificio y perseverancia.

Debemos acostumbrarnos al éxito, a las exigencias que requiere y verlo como algo natural. ¿Qué conducta y mentalidad debemos adoptar a fin de que nuestro triunfo prevalezca? Permanecer en la cima, como los mejores en nuestra especialidad, exige lo mejor de nosotros, desde una vida sana y disciplinada hasta una actitud positiva consciente, APC, pasando por una preparación y capacitación permanente.

El manejo adecuado de los siguientes factores, nos ayudará a mantenernos en la palestra:

El factor confianza.

La acepción correcta del vocablo confianza se refiere a un estado psicológico y emocional dominante y pleno; equivale a creer en uno mismo, en nuestras capacidades y fuerzas. El término confianza debe usarse como sinónimo de seguridad en sí mismo. Si usted tiene mucha confianza, significa que se volverá más dominante en lo suyo y entre más confianza se tenga, mejor.

**"La confianza en sí mismo es una actitud que nos
da seguridad y nos permite actuar con aplomo."**

Cuando se gana, se adquiere una autoconfianza que, una vez convertida en hábito, se traduce a su vez en más triunfos, entrando así a un círculo virtuoso y el ganar se convierte en algo natural.

No obstante, cuando se tiene confianza en exceso se convierte en confianza ciega, —confundimos tener confianza con estar confiado— se adopta una actitud triunfalista y en vez de hacer un esfuerzo mayor para consolidar el triunfo, liquidar al enemigo y levantar las manos en señal victoriosa, aflojamos el paso y como consecuencia provocamos que el triunfo se nos escurra entre las manos.

El factor profesional-aficionado.

Esta situación se presenta cuando uno convierte lo que en un principio era una simple afición o *hobby*, en su *modus vivendi*. Como las circunstancias cambian radicalmente, se deja de disfrutar lo que, en un principio, como aficionado, se encontraba divertido. El estrés hace su aparición. Esto ocurre porque la vida de un profesional requiere de responsabilidad y sacrificio, cuestiones que como aficionado relativamente no existen.

Pocos aceptan este cambio tan radical y entonces se sienten frustrados porque al principio sólo visualizaban el *glamour* de la fama. Este comportamiento, que he llamado el síndrome del profesional-aficionado, los hace perder el gusto por lo que hacen y terminan en la mediocridad o en la medianía.

Ser profesional no es cosa de niños. Este principio se aplica, sin distinción, a cualquier ocupación. Si aceptamos y superamos el reto que implica el cambio y poseemos el carácter para mantener una disciplina y logramos conservar la pasión por lo que hacemos, entonces alcanzaremos nuestro objetivo.

En el deporte se manifiesta esta situación en forma más acentuada, pues ser profesional implica viajar durante las giras, estar muchos días alejado de la familia, dominar el tedio y la melancolía, mantenerse en forma, sufrir privaciones y otros sacrificios. Los famosos tienen que evitar acudir a lugares públicos y registrarse con seudónimo en los hoteles.

Sería oportuno corregir en los diccionarios las siguientes definiciones: Aficionado: "persona que realiza su actividad por gusto o placer". Profesional: "persona que realiza su actividad por gusto o placer y además le pagan por hacerlo".

El factor mental.

Es fácil entender que el aspecto mental es básico. Una mentalidad adecuada nos permitirá tener el temple, la energía y la concentración necesaria para dominar, sin concesiones, una situación dada.

Una preparación mental adecuada impide subestimar las circunstancias, nos permite aprovechar las oportunidades y no olvidar la máxima: "el que perdona pierde."

Por otra parte, si se va perdiendo se debe mantener una actitud mental ganadora; es lo que distingue al genuino ganador. Otra célebre frase de Ernest Hemingway tomada de su libro *El viejo y el mar*, resulta elocuente y oportuna: «El hombre puede ser derrotado, pero jamás vencido».

El factor Lombardi.

La célebre frase que le dio fama al gran motivador Vince Lombardi, el *ex coach* de los *Green Bay Packers* y que, en apariencia, nos obliga a ganar siempre hay que interpretarla bien. A su sentencia: «Ganar no es lo más importante, es lo único», tardé mucho tiempo en darle la interpretación correcta. Me preguntaba cómo era posible que divulgara y pregonara dicha frase si él mismo veía que a su equipo le resultaba imposible el permanecer invicto. Como Lombardi también decía: «Quedar en segundo lugar equivale a la derrota», me dediqué a buscar otra interpretación.

Encontré que la obligación es vencer, pero principalmente "vencer" a uno mismo; si uno da lo mejor de sí mismo cada jornada, cada juego, cada momento, entonces ya ganó. Lo sustancial en este caso no está en haber perdido, sino en "cómo se perdió"; eso es lo que distingue al ganador. Éste es el verdadero mensaje, pero que pocos han comprendido.

Si usted no logró ser el mejor promedio de su clase, ser el mejor anotador del torneo, ser el primer lugar en ventas de su empresa, no se derrumbe, pues si no se convirtió en el mejor, seguramente sí se habrá convertido en uno de los mejores.

El texto de la página siguiente lo elaboré inspirado en la composición original de Vince Lombardi, manteniendo la esencia, pero dándole un enfoque universal.

≈ ≈ ≈ ≈

Lo que implica ser un ganador

Vince Lombardi, *ex coach* de los Green Bay Packers, con una filosofía de vida única y excepcional, cambió la mentalidad de los jugadores que dirigía y los llevó a ganar dos Súper Tazones de futbol americano en 1967 y 1968, creando y utilizando un concepto que definió como: "El segundo esfuerzo". Así, Lombardi transformó a un equipo con pobres resultados en un equipo ganador. Aquí algunos conceptos de su maravillosa filosofía:

«En todo juego, la posibilidad de ganar está presente; ganar es algo que se debe convertir en un hábito; hay que ganar en todo tiempo y momento y transformarlo en nuestra real vocación y en nuestro credo.

En nuestro equipo no habrá cabida para un segundo lugar. Nuestro objetivo como equipo es ser el primero en todo lo que hagamos y ganar, ganar y ganar.

Al entrar en la cancha, el aporte individual de cada jugador debe ser sin límites; jugar como un todo desde los pies hasta la cabeza; cada punto de nuestro organismo deberá jugar con la misma intensidad; jugar con el cerebro que gobernará nuestras acciones con inteligencia y mentalidad triunfadora, pero, al igual o más, jugar con el corazón entregado en cuerpo y alma a través de nuestro espíritu.

El juego es casi idéntico a la vida misma en la cual hay que convertirse en ganador. Ganar en buena lid, respetando las reglas y con una ética de trabajo a toda prueba.

La competencia y la lucha es el destino de los hombres competitivos; por eso están allí, para aceptar el reto y saber que son capaces de ganar por amor al deporte, utilizando todos los recursos posibles para dominar y vencer al oponente.

Creo que el mejor momento de cualquier hombre, el más sublime, es aquél en que después de haber realizado el mayor esfuerzo, el mayor empuje, la entrega y el corazón en favor de su causa, se tiende en el terreno al término del partido, exhausto, a punto de desfallecer, con los brazos abiertos ¡VICTORIOSO!»

4

LOS REGALOS DE DIOS

Aprovechar nuestros dones

Tener un don y no aprovecharlo
es peor que no tenerlo.

J. A. Razo

Las oportunidades, ventanas al cielo

Las oportunidades son como pasaportes al cielo. A veces se presentan una sola vez en la vida. Aunque en ocasiones llaman a nuestra puerta o se asoman por la ventana, lo común es que tengamos que ir tras ellas en ávida búsqueda. Lo lamentable de las oportunidades es que dejamos que pasen frente a nosotros como si fueran carros de ferrocarril, para luego perderse en el horizonte. En nuestro fuero interno sabemos que hemos fallado.

Por otra parte, sabemos que las oportunidades, al igual

que las palabras, el conocimiento o el tiempo, están a disposición de todos por igual; pero si no se aprovechan, se esfuman. A veces es un instante fugaz, como cuando nos asalta una idea, y si no la sabemos entender, atender, capturar, aprovechar, transformar, aplicar y mil y una acciones más pasa y se va para no regresar jamás.

Así, debemos estar conscientes, alertas e impacientes para utilizar al máximo las oportunidades que se nos presenten. Ya sabemos que la vida está compuesta de momentos y oportunidades. Los momentos, según los poetas, debemos disfrutarlos, en cambio las oportunidades, según los ganadores, debemos aprovecharlas.

"Gozar el momento y aprovechar las oportunidades según el rumbo elegido, nos conduce al éxito."

Para los ganadores, aprovechar en forma óptima las oportunidades requiere estar preparados para cuando lleguen: trabajar, estudiar, actualizarnos, ser profesionales de tiempo completo, aprovechar nuestros dones y adquirir y desarrollar nuevas habilidades.

Sin embargo, en un ambiente de alta competitividad, las oportunidades son cada vez más escasas. Habrá que mentalizarnos para ir en su búsqueda y saber identificarlas, pues a veces se encuentran disfrazadas. En las épocas de crisis los obstáculos se deben ver como retos o desafíos y transformarlos en oportunidades de triunfo. Aprovechar las oportunidades a través de ventanas medio abiertas o desperdiciarlas a través de ventanas medio cerradas dependerá de nuestra perspectiva mental. Incluso, uno

mismo debe provocar y hasta crear sus propias oportunidades antes de que el reloj con su avance implacable nos
avasalle.

La metáfora de las puertas que se abren y cierran en
busca de alguien que aproveche el momento (léase oportunidad) está estrechamente relacionada con el factor tiempo
y el principio del movimiento. Si nos mantenemos activos
es seguro que las oportunidades se presentarán, pero hay
que pasar de los pensamientos a las palabras, y de las palabras a la acción.

**"Debemos convertir cada oportunidad en un
reto y cada reto en una oportunidad."**

Recordemos el conocido cuento de aquel granjero que,
cuando empezó a inundarse el poblado donde vivía, no
aceptó la ayuda que le brindaban sus vecinos porque él
pensaba que como era un hombre de mucha fe, Dios acu-
diría a salvarlo. Primero rechazó al ranchero que pasó a ca-
ballo, luego a un vecino que le ofreció su carreta y
finalmente a un lanchero que quería salvarlo de morir aho-
gado. El cuento termina cuando el granjero, al llegar al
cielo, le reclama a Dios por qué no lo ayudó. Dios le aclara:
«¡Te envié tres oportunidades para que te salvaras, pero no
quisiste aprovecharlas!».

Poseer un especial sentido de urgencia nos permite optimizar el tiempo y permanecer en un estado de alerta que
aunados a una actitud positiva consciente (APC) nos vuelve
más aptos al cambio y al triunfo.

Una curiosa paradoja es que mucha gente asocia al éxito,

derivado del aprovechamiento de las oportunidades, con la suerte. Luego califica al ganador como un "tipo con suerte". A esta gente hay que repetirle que él éxito no es producto de la suerte.

"Si a prepararse y aprovechar las oportunidades se le llama buena suerte, entonces los individuos ganadores serían seres con mucha suerte."

Así, concédase la oportunidad de ser mejor cada día, pues dejar de intentarlo sería imperdonable. Es necesario comprender que la vida no es algo que se nos da hecho, sino que se debe concebir como una oportunidad para hacer algo trascendental. Hay quienes dejan de aprender pues se consideran un producto terminado; se les olvida que dejar de crecer es comenzar a envejecer, en cierto modo uno empieza a morir.

Alegre su jornada y cambie su actitud pensando que la naturaleza, día con día, nos concede la oportunidad de contemplar sus maravillas. Sólo necesitamos darnos un tiempo para admirarlas: desde la risa de un niño, la belleza de una flor o una gaviota en pleno vuelo, hasta un, en apariencia, simple pero bellísimo arco iris o un, en apariencia, misterioso pero impresionante eclipse.

Los dones son regalos de Dios, los cuales debemos conocer y desarrollar a fin de aprovechar mejor las oportunidades, tanto las que encontremos como resultado de estar al acecho de ellas, como las que nos presente la vida misma. Para los ganadores, convertir los momentos en oportunidades requiere de:

*** Estar en alerta permanente.**

*** Prepararse y actualizarse.**

*** Entrar en acción, moverse.**

El siguiente poema nos incita al aprovechamiento del tiempo y de las oportunidades:

El tiempo y las oportunidades

Tú eres el hombre que presumía
que a la cima algún día llegarías,
que sólo una *oportunidad* querías
para demostrar lo que sabías
y la altura que alcanzar podrías.

Otro año más ha terminado.
¿Qué ideas nuevas has pensado?
¿Cuántas cosas has realizado?

El tiempo
ha puesto en tus manos
¡doce meses!

Oportunidad y ventajas te ha dado,
¿Por qué no las has aprovechado?
No estás entre los avanzados,
¡explica a qué se ha debido!
¡*Oportunidad* no te ha faltado!
es que cuando las has tenido:
¡No has actuado!

Así, concluyamos que debemos convertirnos en verdaderos cazadores de oportunidades. Hagamos de esta búsqueda un gran hábito.

Intentarlo siempre

Intentarlo siempre significa que jamás se debe dejar escapar una oportunidad, a fin de probar nuestros alcances, pues si la dejamos ir, podríamos lamentarlo el resto de nuestra vida preguntándonos qué hubiera pasado si..., por eso se dice, acertadamente, que el "hubiera" no existe. Me gusta pensar en los jugadores de tenis, que tratan de contestar todas las pelotas, van a todas.

Tomar una oportunidad e intentar su consecución nos pone a prueba. La única forma que se conoce para saber si realmente somos capaces de lograr algo es intentando hacerlo. Parafraseando a Og Mandino diríamos:

"¿Cómo podemos saber todo lo que somos capaces de hacer si no lo intentamos?"

Uno de los secretos del éxito consiste en impedir que los obstáculos nos derroten. El principio de "intentarlo siempre" también está relacionado con la perseverancia, pues cuando ya vamos enfilados sobre un proyecto o un plan determinado, debemos probar o intentar las diversas alternativas que se presenten en el proceso. Bajo este enfoque, intentar viene a ser equivalente a perseverar. El ejemplo clásico es el de Thomas Alva Edison que probaba, intentaba, perseveraba e insistía por todos los medios hasta que lograba su propósito, es decir su invento.

Pero no sólo en el campo de la investigación científica, caracterizada por la tenacidad, se puede aplicar la actitud de "intentarlo siempre", pues los negocios, los deportes, los estudios y en general cualquier esfera de la actividad humana son un terreno ideal para aplicar este principio. Walt Disney, Enrico Caruso, Henry Ford, Albert Einstein Michael Jordan y hasta Winston Churchill tuvieron que enfrentarse con continuos rechazos antes de que ellos vencieron a la adversidad y a los obstáculos.

"Tal vez te esté permitido fallar, pero lo que no te está permitido es no intentarlo."

Sólo si lo intentamos sabremos si somos capaces de "llegar a Roma", aunque sea por diferentes caminos. Además, durante el trayecto consolidaremos nuestra propia confianza y, sin duda, descubriremos otras aptitudes y capacidades, las cuales estando estáticos nunca las hubiéramos conocido. Aceptemos el reto que nos plantea cada oportunidad e intentemos superarlo. Hay que hacer lo que coloquialmente se conoce como "entrarle al toro".

Las demasiadas alternativas u opciones que con frecuencia se nos presentan, convierten una situación dada en un laberinto. Tener demasiada información y un tiempo límite pone a prueba nuestra capacidad de análisis, por lo que tenemos que ser selectivos a fin de poder tomar la mejor decisión. De aquí que sea fundamental entender también que el intentar hacer algo no significa estar probando todo a tontas y a locas.

De modo que para no estar lamentándonos el resto de nuestras vidas por haber dejado pasar de largo nuestra mejor oportunidad, lo mejor es atender a su pensamiento y al deseo que nos incita a intentar hacer las cosas y probar nuestros alcances.

El no intentar hacer las cosas, desde cierto punto de vista se puede considerar como una irresponsabilidad, por lo que, psicológicamente, nos deja un lastre que va minando nuestra confianza, pues el subconsciente nos acosa y transforma nuestro comportamiento en todo un síndrome. El intentar hacer algo y fallar también tiene un efecto negativo, pero de mucha menor proporción, pues éste puede revertirse pronto en un estímulo positivo.

Una manera de controlar la indecisión o el miedo que nos produce el arriesgarnos a intentar hacer algo, derivado, tal vez, del temor al fracaso consiste en usar lo que se conoce como psicología inversa, pues el sólo pensar en vivir el resto de nuestra vida con esa inquietud, nos mueve a atrevernos a dar un paso adelante.

"Uno no puede pasarse el resto de su vida con la pregunta a cuestas: ¿por qué no lo intenté?"

Recordemos el cuento de aquella águila que al perder la confianza en sí misma ya no se atrevía a volar más; ya no lo intentaba. Permanecía con sus garras fijas a una rama de un alto roble. Nadie lograba hacerla volar. Entonces el rey, preocupado, ofreció una recompensa para quien la hiciera volar. Al final, el águila por fin voló, y cuando le preguntaron al campesino cómo lo había logrado, contestó: «Solamente corté la rama».

¡Hay que intentarlo siempre! ¡Sin temores! Si uno le tiene miedo al fracaso, termina teniéndole miedo al éxito. Si le tiene miedo al fracaso, entonces no hablemos más. Puede usted cerrar el libro. Pero si quiere ser ganador, la sentencia de Churchill resulta más que elocuente: «¡Nunca te rindas!».

Los regalos de Dios

Los dones son regalos de Dios que se nos entregan al nacer. Son virtudes o aptitudes naturales que mientras vivamos poseeremos. Sin embargo, y aunque es difícil de creer, la mayoría de las veces no los utilizamos.

¿Alguna vez se ha preguntado a sí mismo "para qué soy realmente bueno"? La respuesta es de tal importancia que puede significar la diferencia entre el éxito y el fracaso en su vida. Puede afirmarse que:

"Tener un don y no aprovecharlo o desarrollarlo, es peor que no tenerlo."

Los tiempos actuales están caracterizados por una gran competencia y se requiere que aprovechemos nuestros dones o cualidades congénitas a fin de poder alcanzar nuestras metas. Sin la concurrencia de estos dones es poco probable que logremos el triunfo pleno. Pero una vez que usted ya descubrió cuáles son las cosas que realiza con una facilidad natural, el segundo cuestionamiento consiste en preguntarse: "¿con cuáles de estos dones, aptitudes o virtudes me identifico más?"

El gran secreto para convertirse en ganador consiste en lograr unir lo que a uno le gusta hacer con lo que se le facilita realizar. Aunque parezca obvia esta premisa, con frecuencia se confunden estos criterios, de tal suerte que la mayoría de la gente cree que aquello que le gusta es lo mismo que aquello para lo que posee aptitudes naturales. Por ejemplo, no es lo mismo que a usted le guste tocar el piano, a que tenga aptitudes para ello; o bien que le guste bailar, a que posea la gracia para hacerlo.

El caso ideal sucede cuando un individuo se dedica a lo que le agrada y, además, posee facultades para ello. El resultado es fácil predecirlo: un individuo con el éxito a sus pies y el triunfo sin límites. Aquí se hace patente la cita que dice: "Dios rompe el molde en cada nacimiento".

Sin embargo, y siendo realista, la situación ideal mencionada es poco frecuente, pues el caso más común se observa cuando la gente "obligada" por las circunstancias labora en áreas que no le agradan y para las que, además, no tiene aptitudes. El trabajo se vuelve un suplicio, la frustración se hace presente y se termina en la mediocridad, es decir, uno se convierte en "gente del montón". Éste es un caso palpable y no hace falta poner ejemplos.

Un caso distinto se presenta cuando a usted le gusta lo que hace, a sabiendas —o sin saberlo— de que no tiene cualidades o aptitudes para ello. El resultado será una vida llevadera que alcanzará los buenos resultados y que —y esto

es lo importante— para poder destacar tendrá que dedicarse a plenitud, en cuerpo y alma, a su labor. Este caso
merece reflexionarse, porque se parte de la premisa de que
lo que importa es que usted se dedique a hacer lo que le
guste, pues de esta forma con el tiempo logrará desarrollar
con eficacia ciertas habilidades y destrezas. Logrará sobresalir y hasta triunfar, aun sin estar haciendo aquello para
lo que Dios lo creó.

No es difícil conocer los gustos —no aptitudes— de alguien, pues bastará observarlo bien y descubrirlo cuando
se entrega con plenitud y pasión a su labor o bien durante
una conversación, pues cuando se aborden los temas que
le gusten —y hasta le apasionen— su rostro se encenderá,
sus ojos se abrirán como discos y su mirada se volverá brillante; parecerá como si despertara. Lo mismo podría hacer
usted para conocer sus propios gustos o inclinaciones y
hasta "debilidades".

**"Los dones, las habilidades y los gustos son los
parámetros cuya práctica nos conduce al éxito."**

Vayamos por partes. Primero conviene diferenciar bien
entre dones, habilidades y gustos, pues son tres parámetros que debemos entender bien. Los dones o virtudes son
las aptitudes con las que nacemos y que podemos desarrollar con facilidad natural. Las habilidades son las destrezas
que pueden ser adquiridas y desarrolladas con esfuerzo y
trabajo. En cuanto a los gustos, no hace falta explicar nada
más. Lo lógico es que si usted hace lo que le gusta y le apasiona, terminará adquiriendo y desarrollando grandes

habilidades. Por eso, siempre será mejor dedicarse a lo que a uno le gusta, aun sin tener aptitudes para ello. Dedicarse significa entregarse con pasión y sin condiciones, al cien por cien.

Una vez aclaradas las variantes que intervienen en nuestra labor, imagínese lo que podría conseguir y hasta dónde podría llegar si logra dedicarse a lo que le gusta, teniendo, además, las aptitudes necesarias y adquiriendo con el tiempo aquellas habilidades y destrezas que la disciplina, la perseverancia y la determinación le proporcionarán. Si usted está consciente de lo anterior, trabaja con denuedo y aprovecha las oportunidades, se convertirá en el ganador absoluto de su especialidad.

"Aprovechar sus dones, amar su trabajo, adquirir habilidades y poseer una férrea disciplina, lo convertirán en un campeón en su campo."

Un buen ejercicio consiste en elaborar una lista que contenga todo aquello que le guste hacer, diferenciando bien sus gustos de sus aptitudes. Todo lo que le agrada y le resulta placentero hacer, es aquello que le causa especial emoción, le aísla en el tiempo y espacio y hace que se olvide del mundo.

Por otra parte, para descubrir nuestras aptitudes podremos recurrir a un test o auto test, que habrá que contestar con sinceridad y sin adelantarse a los resultados. No se subestime, pues todos nacimos con aptitudes y somos buenos para algo, pero lo importante es descubrirlo. Pensar en considerarse un "papanatas", un "bueno para nada", o alguien sin oficio ni beneficio, es un craso error, pues recuerde que usted vale mucho y nació para determinadas tareas y para cumplir alguna gran misión, pero tiene que descubrirlo. Si usted ya encontró su real vocación y si ésta coincide con sus anhelos, entonces ya se encuentra en el camino correcto. Avance sin detenerse y pronto será un ganador. Aquella clásica frase del abuelo sigue vigente:

**"Si vas a ser barrendero, quiero que seas
el mejor barrendero del mundo."**

Lo que el abuelo quería darnos a entender, poniendo como ejemplo el más humilde de los oficios, es que lo fundamental es lograr la excelencia en nuestro trabajo o profesión cualquiera que ésta sea.

Sólo un ejemplo más para reafirmar la diferencia entre dones y habilidades. La gran mayoría de los mortales nacemos con la facultad de ser diestros, es decir, nacemos con aptitudes innatas en las extremidades derechas. Otros individuos llamados ambidiestros tienen disposición natural en ambas manos y piernas. Otros más, los zurdos, nacen con aptitudes naturales en sus extremidades izquierdas. Como el mundo está diseñado para los "derechos", los "zurdos" tienen que desarrollar, por necesidad, habilidades en su mano y pie derechos; éstas serán habilidades adquiridas.

Hay que reconocer que pocas veces nos hemos puesto a pensar en todas las destrezas que los mortales "normales" podríamos desarrollar si nos lo propusiéramos, no sólo en cuanto a habilidades en las extremidades izquierdas sino también en las propias derechas y en los demás sentidos. Todo dependerá de nuestra voluntad. Si extrapolamos esta iniciativa al desarrollo de destrezas intelectuales y artísticas, nos convertiremos en "hombres fuera de lo común".

Decídase a conseguir un trabajo que le apasione y que esté en relación directa con sus estudios y con sus aptitudes. Nunca será tarde. El justificarse diciendo que usted ya tiene una vida hecha es sólo un pretexto que se toma como escudo ante la falta de decisión y determinación.

Dentro de todo este contexto, tome en cuenta que, en la época actual, lo que más valoran las empresas en sus colaboradores es el aspecto humano, es decir, cuáles son sus principios, cómo piensan, pero principalmente cómo actúan, cómo viven y qué tan congruentes son sus actos. De modo que tan importante son sus conocimientos y su experiencia, como su valor como ser humano.

La historia registra cientos de personajes que hubieron de rebelarse, aun a costa de perder su hogar, herencia u otros beneficios y se lanzaron con valentía en busca de su destino y encontraron el éxito como una consecuencia lógica... y trascendieron.

Personalidad y estilo propios

Los ganadores, ya sean empresarios, científicos, artistas, atletas y en particular los ídolos y los líderes, logran desarrollar una personalidad y un estilo que los identifica como tales. La personalidad y el estilo son como un "sello de la casa". Algo peculiar. Una especie de logotipo que representa a la firma. Los sombreros de la reina Isabel, las manzanas de Martha Chapa, la "chilena" de Hugo Sánchez, la elegancia y discreción de Gregory Peck, el habano de Winston Churchill o el pelo enmarañado de Albert Einstein, son sólo algunos ejemplos de gente exitosa que desarrolló su propia personalidad.

"No importa su labor; si quiere ser un triunfador deberá poseer una personalidad y estilo propios."

La personalidad se forma con sus rasgos externos: su aspecto, su cara, su mirada, su vestimenta y su forma de expresarse le dan forma a su personalidad. Sus rasgos morfológicos reflejan su yo.

La personalidad debe ser genuina y confiable. Si usted suele traer un libro bajo el brazo es porque así es su costumbre. Igual debe ser si se pone los *pants* y los zapatos deportivos. Serán una parte positiva de su personalidad.

En contraparte, hay quienes sólo cuidan las apariencias. Conozco a gente que, aunque nunca ha pisado un *green* trae unos palos de golf en su cajuela para impresionar a cuantos puede. Igual sucede con los que sólo hablan de viajes y de amigos influyentes. Es la parte negativa de la personalidad. A estas personas es mejor observar lo que hacen, en vez de prestar atención a lo que dicen.

El estilo se refiere a la forma particular que usted tiene para hacer las cosas. Alguna vez mi hermana me aconsejó: «Conserva un estilo en todo lo que escribas». Veamos la siguiente guía:

Proyecte su propia personalidad y estilo

* Sea capaz de cautivar y conquistar a todos los que estén frente a usted.

* Eduque su mirada. Vea a los ojos a los demás. Su mirada va más allá de un simple hábito.

* Salude con mano firme y sonría. Vierta siempre un elogio sincero a los demás.

* Tenga siempre a la mano una o más anécdotas de actualidad e interés para contar.

* Su forma de expresarse debe ser elocuente. Sus palabras son su mejor arma. Evite ser prolijo.

* Luzca impecable. Use unos finos y aseados zapatos. No use los lentes como antenas.

* Use sus iniciales bordadas en su ropa; vista con propiedad, pulcritud y elegancia según la ocasión.

* Haga que su presencia ante cualquier grupo proyecte alegría, optimismo y fe.

* Logre que su trabajo, sea cual fuera, lleve su sello y sea como su carta de presentación.

* Añada siempre su toque de originalidad. Su personalidad se refleja en sus gustos.

* Reparta los méritos. En las reuniones busque la admiración, el respeto y la empatía.

* Practique la autocrítica. Evalúe su propio desempeño en forma apegada a la realidad.

* Lleve siempre un libro consigo y aproveche cualquier oportunidad para leer.

* Proyecte una buena imagen en su andar. Camine con los hombros levantados.

J.A. Razo ©

5

EL FACTOR MOTIVACIONAL

Actitud positiva consciente APC

> La motivación nos impulsa a hacer
> las cosas. Cuando alguien quiere hacer
> algo, hasta en la mirada se le nota
>
> J. A. Razo

El espíritu en alto

FRENTE A MI HOGAR CORRE UN ANCHO CAMELLÓN QUE VA por toda la avenida; por él se extiende una larga hilera de jacarandas cuyas flores color violeta adornan la calle al despuntar la primavera. El ver cada mañana desde mi ventana esta escena, inflama mi espíritu y lo mantiene sano. Al espíritu hay que ejercitarlo siempre, en forma similar a como se ejercita el cuerpo en el gimnasio. Mantener el espíritu en alto nos predispone a la lucha diaria.

Tener un espíritu sano es tener tranquilidad, paz y serenidad. Es estar bien con uno mismo y con Dios. Todas las manifestaciones del espíritu son esenciales para vivir bien. El espíritu positivo es la chispa que le da vida a nuestro ser, nos mantiene en equilibrio y da la correcta dimensión a las cosas. Ya lo dijo la ex superestrella del tenis Serena Williams: «Si no luces bien, no podrás jugar bien».

Pregonemos los valores espirituales para que impregnen todos los ámbitos de nuestra heterogénea sociedad. Por ejemplo: ejercitemos el alma haciendo el bien a alguien que no pueda pagárnoslo, hagamos algo que no nos agrade a fin de sentirnos más dignos y seamos generosos en la alabanza. La Madre Teresa de Calcuta lo decía de una manera simple: «Haz siempre el bien».

"Sólo por hoy vigorizaré mi espíritu. Leeré algo que requiera esfuerzo y meditación."

Un espíritu elevado entusiasma al alma que también puede ponerse en ebullición. Si se eleva al rango de pasión, ésta debe estar bien orientada. Una baja pasión nos destruye. Todos debemos ser seres apasionados, pero apasionados por un ideal. Me gusta aquel bello pensamiento de Voltaire: «Yo, como Don Quijote, me invento pasiones sólo para ejercitarme». Pero habrá que tomar con cuidado y prudencia estas palabras.

Todas las personas que conozco y que han estado en peligro de morir, valoran la vida de diferente manera que antes de haber vivido ese trance. Adquieren una mayor sensibilidad, afloran sus valores espirituales y cambian su manera de ver la vida. ¿Por qué esperar a sufrir una experiencia de ese tamaño para cambiar? Creo que no es necesario que paguemos este alto precio para modificar nuestra perspectiva hacia la vida, disfrutar de la naturaleza y extraer el jugo a los sucesos del día.

El yoga, el zen, el karate, el tae kwon do y en general todas las disciplinas orientales que nos enseñan, entre otras cosas, la meditación, la relajación, la disciplina y el respeto, son herramientas para lograr un estado espiritual sano y elevado. La sofrología es una disciplina que nos enseña la técnica de la relajación dinámica. Bailar, con sus consabidas limitantes, también nos ayuda a relajarnos.

Dedicar media hora diaria, a solas, a la meditación, a la relajación, a la contemplación o a pensar en la perfección, nos da un equilibrio invaluable. Así también, la esencia de nuestro espíritu está conectada directamente con nuestras creencias religiosas.

La disciplina zen budista practicada por el *coach* Phil Jackson, el más ganador en la historia de la NBA con once campeonatos, uno más que el legendario J. Auerbach, proporciona el equilibrio espiritual que los jugadores necesitan. La utiliza para guiar a los equipos que dirige y crear en los jugadores un sentido de unidad, pues las rivalidades que suelen surgir entre ellos se evitan a través de esta disciplina porque aprenden a vivir en armonía. La meditación es el principal recurso que se utiliza en el budismo zen con resultados sorprendentes. El mismo Jackson se mantiene en equilibrio gracias a ella.

Un estado mental zen bien entrenado nos capacita para estar relajado y enfocado a la vez. Una óptima mente zen nos mantiene firmes en medio del caos. Es como estar en el centro de la tormenta y, mientras todos están dando vueltas sin control, movernos tranquilamente dentro de una gran quietud.

En resumen, la doctrina y disciplina zen se centra en saber "disfrutar el momento", lo cual es de aplicación universal. Dentro del deporte, disfrutar el momento no ha sido privativo de Michael Jordan, el mejor atleta de la historia, pues hay que reconocer que los otros dos Michael's, tanto Schumacher, el excampeón de Fórmula Uno, como el plusmarquista Johnson, lo disfrutaban a su manera.

Todas estas disciplinas nos instruyen y capacitan para mantener el difícil equilibrio que se requiere entre acciones llenas de carácter y fuerza durante los momentos críticos y un instante después ser capaces de sonreír para la foto.

"Disfrutar el momento es el centro del budismo zen. Cada quien debe adaptarlo a su personalidad."

La expresión latina *Carpe diem*, que se traduce como: "aprovecha el día", y que se volvió popular gracias al actor, ya fallecido, Robin Williams en la cinta *La sociedad de los poetas muertos*, donde caracteriza al profesor Keating, es una frase motivacional que todos debemos considerar. Aprovechar el día es como no dejar nada en el plato sin probarlo.

El siguiente texto motivacional alimenta nuestro espíritu. Lo escribí inspirándome en uno similar del mismo nombre, de Daniel Webster, pero adaptado a nuestra idiosincrasia. Conviene leerlo cada mañana:

Saludando al día

El amanecer en sí mismo, pocos habitantes de las ciudades lo conocen, pues entre todos ellos ni uno de cada mil ve salir el sol ni una vez al año; desconocen lo que es la mañana y la conciben sólo como esa parte del día que viene después de tomar un mal desayuno y salir de prisa hacia el trabajo; para ellos la mañana no es una emisión nueva de luz, un deslumbrante estallido del sol, un renovado despertar de la naturaleza tras una especie de muerte temporal, una nueva oportunidad de admirar, una vez más, las obras de Dios, los Cielos y la Tierra; para ellos, la mañana es solamente una parte del día cotidiano.

Se olvidan del despertar matutino, del hermoso vuelo de las gaviotas a través del horizonte en cuanto surge el primer rayo de luz y que luego se va transformando en intensos colores hasta que por fin aparece el glorioso sol, el soberano del día, ése que casi todos miran, pero jamás lo contemplan.

Estoy convencido de que Adán no nos tomó demasiada ventaja por haber visto el mundo cuando era nuevo. Las dádivas y las manifestaciones del poder de Dios son nuevas cada mañana y plenas en cada momento; todos podemos disfrutar amaneceres tan bellos como los que vio Adán y son, a su vez, el milagro del día tal como lo fueron en aquellos días, o tal vez más, porque ahora forman parte de un milagro renovado, día tras día, durante millones de años en los cuales el sol ha asistido puntualmente a su cita sin admitir la más mínima variación.

Conozco la mañana, estoy plenamente identificado con ella y la amo; la amo porque es fresca y dulce, y porque es una muestra de la renovación de la creación que diariamente avanza abriéndose paso e invitando a todo lo que tiene vida, aliento y ser. Por eso me dispongo cada mañana a saludar al día con plena alegría e inmensa gratitud.

Ahora analizaremos todo lo concerniente a la motivación, ese estado mental maravilloso que nos hace cambiar de actitud y ver que el mundo está a nuestro alcance si tomamos conciencia y nos lo proponemos.

El factor motivacional

Este capítulo tal vez sea el más importante, pues fue mi propia motivación la que me llevó a escribir el presente libro. La psicología de la motivación es una rama de esta ciencia que estudia la conducta del individuo y el porqué de ese sistema de creencias que nos hace actuar en forma diferente a los demás; cada día va ganando más terreno y pronto manejará los hilos de la humanidad, incluyendo los ámbitos políticos, deportivos, sociales, etcétera.

Lo que distingue a una persona motivada de otra que no lo está son sus actitudes. Las actitudes, especialmente cuando son conscientes, lo son casi todo en la vida. El mundo podría seguir igual, pero si nuestra actitud cambia, entonces el mundo, nuestro mundo, cambiará también. Una adecuada actitud puede ser la diferencia entre ganar o perder, entre el éxito y el fracaso. Es la influencia del poderoso "factor motivacional".

La motivación y sus actitudes conscientes se manifiestan de diferentes maneras y adquieren diferentes planos o niveles, veamos:

Nivel 1. En su nivel primario la motivación es la manifestación de un *estado de ánimo positivo* que nos conduce a emociones y actitudes guiadas por el entusiasmo. Esto nos permite manejar con ventaja los diversos problemas que se nos presentan día tras día. El estado de ánimo positivo transformado en entusiasmo y optimismo nos permite observar el vaso medio lleno, en vez de ver el vaso medio vacío.

El entusiasmo es una fuerza mágica que nos inyecta brío y energía, nos aclara la mente y renueva el espíritu. Es como tener un arco iris en nuestros ojos, pues nos hace ver los acontecimientos desde una perspectiva diferente. Es sentirse dispuesto a esforzarse por hacer algo, aun sin tener una convicción plena por ello.

Sólo amanece cada día para los optimistas. Todas las mañanas al levantarnos y tomar conciencia de que comienza un nuevo día, en el cual estamos invitados a participar, debemos sentirnos entusiasmados y optimistas por tener el privilegio de ver salir el sol, gozar de buena salud y disponernos a disfrutar de la jornada. Debemos darnos un abrazo a nosotros mismos y expresar en voz alta: «La vida es maravillosa, voy a tener un gran día».

Nivel 2. La motivación en el siguiente nivel se manifiesta cuando se adquiere un *estado de conciencia* que nos vuelve responsables. Se acepta un compromiso que nos hace cambiar de actitud estando conscientes de ello. En este nivel, la motivación es más estable y con mayor convicción. Aprendemos, entre otras cosas, a no tomar decisiones cuando estamos alterados emocionalmente.

En este nivel, la motivación no sólo es equivalente a expresiones como: "tú puedes", "échale ganas" o "pórtate bien", sino es poseer, además, un estado de conciencia y una actitud que nos induce a hacer las cosas bien, Maravillosamente bien, en vez de hacerlas mal o dejarlas a medias o inconclusas.

Nivel 3. La motivación en su nivel más alto nos conduce a un *estado mental superior* que nos hace disfrutar todo lo que hacemos, nos vuelve más felices, productivos y saludables y, por lo tanto, exitosos y ganadores. Una persona que alcanza este nivel está siempre dispuesta a dar lo mejor de sí misma porque posee una mente racional. Es la manifestación plena de la "actitud positiva consciente", que di a conocer en años pasados como "APC". Las personas que alcanzan este nivel tienen un especial sentido del humor. Poseen una gracia chispeante y espontánea que les permite improvisar, hacer comentarios jocosos y llenos de ingenio. Ya lo dijo Nietzsche: «La capacidad intelectual del hombre se mide por su dosis de humor».

La sonrisa y la alegría son las mejores manifestaciones del sentido del humor. El buen humor es la mejor terapia contra las adversidades, los males y las preocupaciones. Hasta el amor es más llevadero con el buen humor, pues el amor sin humor se esfuma. Pero, entendamos también que no se trata de estar siempre riéndose o dar poca importancia a las situaciones fundamentales de la vida. Hay que evitar la euforia desenfrenada convertida en frenesí. Este estado mental positivo tampoco debe ser confundido con el típico individuo "gracioso" y cuenta chistes. Recordemos que la risa es una explosión del corazón y la sonrisa es un acto del pensamiento.

Con un poco de práctica uno aprende a identificar a la gente cuando está o no motivada. Su manera de expresarse, su lenguaje corporal, sus hombros levantados y su paso firme son significativos. Una regla sencilla es observar su rostro, pues cuando alguien está motivado, hasta en la mirada se le nota.

Le sugiero practicar lo que el psicólogo Jard DeVille llama la prueba de la acera. La próxima vez que camine por una acera llena de gente, haga la prueba de sonreír y hacer una inclinación de cabeza a las personas que se crucen con usted. Comprobará que casi todos le devolverán la sonrisa y muchos hasta le darán los buenos días.

Una bella y conmovedora anécdota tomada de la biografía del inventor Thomas Alva Edison, convertida en una lección de vida, es la que se cuenta cuando su casa-laboratorio se empezó a quemar. El incendio se volvió incontrolable, pero Edison, a la sazón de 69 años, al ver a su hijo, le dijo: «Ve y llama a tu madre; dile que no se puede perder esto, es algo que no volverá a ver en su vida; por fortuna aquí quedarán enterrados todos mis errores; mañana podré empezar de nuevo». En efecto dos semanas después inventaría el fonógrafo. Lo anterior nos ubica en el pensamiento y actitud de este gran inventor y nos hace recordar el aforismo español: "Cuando se queme tu casa, caliéntate en ella". Edison sí que estaba motivado en forma consciente.

La motivación es el arte de crear condiciones para realizar las cosas con eficiencia y efectividad. Las personas motivadas tratan de encontrarle siempre un sentido positivo a lo que hacen y a la vida misma. Es encontrarle un porqué a las cosas que suceden para después hacer que las cosas sucedan. Es una búsqueda y un cuestionamiento permanente.

"Estar motivado es tener un propósito, poseer un estado mental superior y una actitud positiva Consciente, y que he acuñado como APC."

Aunque hay elementos y circunstancias universales que a todos nos motivan, como serían la familia, los hijos, comprar una casa, viajar, usar ropa de marca, tener un buen automóvil, etcétera, se podría afirmar que cada quien se motiva de manera diferente. Es como un traje a la medida que sólo le queda a su usuario. Sin embargo, se podría afirmar que todo parte del deseo.

En la siguiente figura que he llamado el triángulo del ganador, se puede apreciar la importancia del factor motivacional en nuestra vida; veamos:

Diagrama del individuo ganador

Factor motivacional

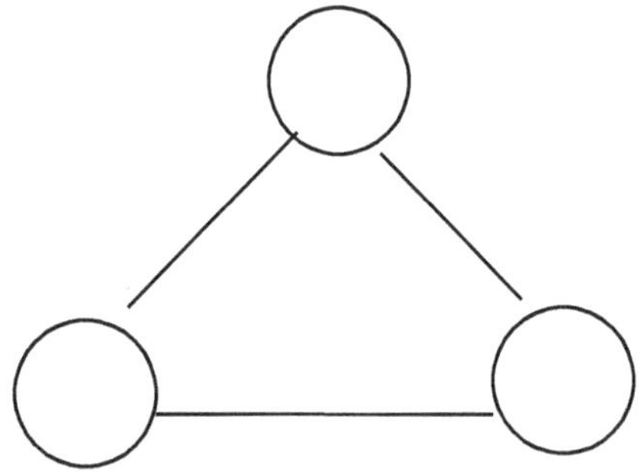

Los conocimientos y la práctica de los mismos, convertidos en habilidades, constituyen la base del triángulo y aseguran nuestra permanencia, pero lo que nos permite, realmente, ascender en la pirámide del éxito es el poderoso factor motivacional. Si observamos con atención el diagrama de la página anterior comprenderemos sin dificultad su gran influencia e interacción.

Si usted ya tiene los conocimientos necesarios y los mantiene actualizados y posee la suficiente experiencia —ésa que sólo da el tiempo—, sólo le faltará incorporar en su vida el factor motivacional.

Se ha demostrado que con una actitud positiva consciente se vive más, se goza de un estado superior de salud y nos enfermamos menos. Se piensa y se acepta que nada es definitivo, se espera que las cosas salgan bien y siempre se está dispuesto a lograr mejores resultados.

Todos poseemos cierto grado de motivación, pero no debemos conformarnos con mantenernos en el límite inferior apenas suficiente para "ganar a medias". Debemos impulsar nuestra propia motivación al máximo nivel, guiada por un estado mental racional y superior.

Cada vez es más aceptada la importancia del factor motivacional en la vida de los seres humanos y no está distante el día en que esta rama de la psicología se convierta en una materia dentro de los programas educativos. Enseñar a los alumnos a estar motivados y a despertar su conciencia les asegura ser ganadores de por vida.

"El factor motivacional dominará los procesos y situaciones con las que vive el ser humano."

Habrá que concluir que nuestra actitud mental determina la calidad de nuestros pensamientos y, por ende, de nuestras acciones. En la esfera del deporte, la motivación también se ha vuelto un factor esencial y, en la actualidad, es una condicionante de todo entrenador o *coach,* quien además de ser un estratega, profesor y pedagogo competente, deberá ser un motivador eficaz, a fin de que pueda influir en sus pupilos creando una atmósfera positiva y un cambio de actitud.

Para los líderes, su propia motivación —o automotivación— resulta esencial. Deberán proyectar una imagen que motive a los demás, en especial a las personas que son por él lideradas y en quienes influye de tal manera que, en muchos de los casos, se vuelven mejores casi de la noche a la mañana.

La motivación y sus mitos

La motivación como rama de la psicología moderna y dentro de su propia evolución se encuentra, con frecuencia, ante dos grupos de gentes en situaciones opuestas. Un primer grupo que cree que esta disciplina es ineficaz y un segundo grupo que cree que la motivación es duradera aun sin ejercitarse. Ambas creencias son erróneas y se han convertido en una especie de mitos. Veamos:

1. **El mito de la motivación ineficaz.**
Este mito ha sido creado por la gente que no cree en la motivación, asegurando que no sirve, que no tiene utilidad alguna y que es ineficaz.

Lo cierto es que la motivación en sus diferentes niveles es tan eficaz como uno mismo lo decida. Líneas arriba ya expliqué que en el nivel 3 está considerada como un estado mental superior, que nos conduce a hacer las cosas con una actitud de responsabilidad y compromiso.

"La motivación es una rama de la psicología tan eficaz como queramos y nos preparemos."

El grupo de personas que afirma que la motivación es una disciplina ineficaz está conformado principalmente por la gente que no quiere comprometerse consigo mismo. Vivir bien requiere establecer un compromiso y un respeto con uno mismo. Cuando alguien afirma que no necesita estar motivado, demuestra un desconocimiento de sus alcances o una indiferencia fingida, a sabiendas, en su fuero interno, de que es una forma de justificar sus ligerezas y excesos. Casi nadie está exento de la tentación de adoptar esta postura fácil. Tanto el sector marginado de la sociedad que no tiene el conocimiento y la preparación adecuada, como el sector privilegiado, que sí lo sabe, pero su ego y vanidad le impide aceptarlo, y caen en esta actitud errónea.

2. El mito de la motivación permanente.

Este mito tiene su origen en la gente que está mal orientada y piensa que asistir a un curso de motivación, leer un libro de superación personal o cualquier otra experiencia similar, los hará modificar su conducta en forma permanente, o sea, para siempre. Esto es un error porque, aunque haya una euforia causada por la experiencia o el suceso vivido y que influirá en él positivamente, esta influencia será temporal —muchas veces efímera— y con el paso de los días se desvanecerá y perderá su eficacia. La motivación, para que sea efectiva, debe ser un ejercicio diario y continuo.

Entrenarse diariamente modificará nuestro yo subconsciente pasando primero por el yo consciente. La lectura crítica, el estudio, la meditación y la relajación son disciplinas, entre otras, que fortalecen nuestra mente y nos predisponen a mantener una actitud positiva consciente. Ésta deberá convertirse en un hábito similar a la buena alimentación o al ejercicio físico.

No olvidemos que la única manera de mantener un hábito en nuestra mente, es alimentando ese hábito minuto a minuto en nuestro cerebro por medio del "yo" subconsciente. El cerebro es un músculo que hay que ejercitar.

Test motivacional

La motivación es la posesión de un estado mental superior que nos impulsa a hacer las cosas bien. Si usted logra definir sus metas y mantener el ímpetu, es seguro que conseguirá el éxito; su vida será más productiva, saludable, útil y placentera, es decir, será siempre un hombre con ideas nuevas.

La prueba siguiente le permitirá conocer sus ambiciones y qué tan motivado está. Contéstelo con sinceridad.

Test. ¿Está usted realmente motivado?

Conteste la siguiente auto prueba. Es necesario insistir que para que el test sea válido tiene que ser contestado con sinceridad. Primero señale una de las cuatro opciones 'a', 'b', 'c', 'd', como respuesta de cada pregunta. Vea su calificación en la página siguiente y decida las acciones a tomar.

1. A continuación hay cuatro afirmaciones diferentes. ¿Cuál de estas aseveraciones lo describe a usted más exactamente? Señale con una 'x': a __   b ___   c ___   d__

a. Mi meta es disfrutar de la vida tanto como me sea posible. No quiero trabajar arduamente.

b. Quiero ganar lo suficiente para poder vivir luego con comodidad y ser respetado.

c. Siempre estoy empeñado en ir hacia adelante. Estoy a favor del crecimiento y del progreso propio.

d. Creo que la diversión está en empeñarse en conseguir algo, incluso aunque nunca se alcanza la meta.

2. Cuando usted piensa en su futuro y en su carrera, ¿cuál sería su estrategia preferida a fin de conseguir sus aspiraciones? Señale con una 'x': a __   b ___   c ___   d__

a. Hacer planes detallados y esquematizar lo que se tiene que hacer paso a paso.

b. Preferir dejar que las cosas sucedan como vengan; es mejor creer en la buena suerte.

c. Buscar un modelo de alguien que lo haya tenido y cuyo método o fórmula de éxito pueda imitar

d. Es mejor sentirme satisfecho en mi estado actual. Si esto es así, ¿entonces para qué luchar?

3. Suponga que le dan 50 fichas al nacer. Puede utilizar esas fichas en la forma como desee, pero no le darán ninguna más durante toda su vida. ¿En qué forma usted las distribuiría?

a. Utilizar todas las fichas con el único fin de conseguir dinero y tener éxito.

b. Utilizar todas las fichas con el fin de conseguir dinero, tener éxito y cuidar la salud.

c. Dividir las fichas en partes iguales entre dinero, éxito profesional, bienes, salud, amor y aventuras.

d. Utilizar las fichas a medida que las necesite. Y cuando las hayan utilizado todas, ¡ni modo!

Calificaciones:

1. a = 1,   b = 2,   c = 4,   d = 3.
2. a = 4,   b = 2,   c = 3,   d = 1.
3. a = 3,   b = 4,   c = 2,   d = 1.

Calcule su puntaje de acuerdo con los valores anteriores. Su mayor puntaje será de 12.

* Un puntaje entre 9 y 12 lo ubica como una persona de buen nivel laboral y con un buen grado de motivación. Usted tiene una gran motivación y muchas ambiciones.

* Un puntaje entre 6 y 9 indica que ya ha alcanzado algunas metas. Así su diferencial de motivación se reduce, ya sea por sus logros obtenidos o porque ahora está más interesado en combinar una buena vida con el progreso y dejar que las cosas sucedan como vengan en vez de esforzarse seriamente.

* Un puntaje entre 3 y 6 indica que, o bien usted tiene un largo camino por recorrer para alcanzar sus metas o que no es alguien con ambiciones. Parece preferir una buena vida en vez del éxito, el dinero abundante o el reconocimiento. Esto depende en gran parte de su edad. La tendencia será que una persona mayor habrá estrechado la brecha entre su estado actual y las metas deseadas. Surge ahora la pregunta: ¿Cuál grupo es el más feliz? La respuesta correcta consiste en mantener un sano equilibrio.

Nota final: la motivación es como un resorte expandido que nos impulsa hacia una meta. Este ímpetu es fundamental para un ganador o directivo de alto nivel. En las organizaciones es común el establecer jerarquías para dar incentivos a todo el personal. Así, los líderes, como se verá en el capítulo siete deberán estar bien motivados para poder motivar a los demás.

≈ ≈ ≈ ≈

6

LAS REGLAS DEL JUEGO

La ética como estilo de vida

Aunque parezca pasada
de moda, la ética siempre
será una práctica redituable.

J. A. Razo

La disciplina del futuro

LA INGENIERÍA ES LA ACTIVIDAD PROFESIONAL CON MEJOR futuro. En mancuerna con la psicología harán que el mundo y la sociedad giren en torno a ellas. Este siglo XXI, además de ser el siglo del servicio, será el de la mujer, de la ingeniería, de la psicología y del deporte. La ingeniería será (en algún modo ya lo es) una panacea, y quien conozca los principios de la ingeniería tendrá más recursos para sobresalir en cualquier actividad.

La ingeniería ha rebasado sus propios límites para invadir otros campos que le eran ajenos, como la llamada reingeniería, que se aplica a nivel personal y en las organizaciones, la ingeniería financiera, la ingeniería genética, la ingeniería humana y la ingeniería política. Se habla de la ingeniería del transporte y la ingeniería deportiva y hasta la ingeniería en imagen pública ha optado por apoyarse en ésta, la reina de las ciencias aplicadas. Pero, ¡cuidado! porque se corre el riesgo de caer en el abuso indiscriminado y sin sentido de esta tendencia y convertirla en un acto de esnobismo o una simple moda.

"La ingeniería, como disciplina y ciencia aplicada, ha rebasado sus fronteras e invadido otros campos."

La ingeniería es un conjunto de normas, ecuaciones y fórmulas, pero, sobre todo, ingenio, criterio y sentido común. Es una disciplina que se basa en las ciencias puras como las matemáticas y la física, pero su carácter de ciencia aplicada la convierte en una profesión que maneja valores y tolerancias, o sea, rangos dentro de los cuales un resultado es válido. La tolerancia, dentro del campo de la ingeniería, es un principio esencial que se vuelve universal en un mundo que no puede ser perfecto.

La ingeniería, en su esfera convencional, utiliza la ciencia y la tecnología para el beneficio y progreso de la sociedad. Combina la técnica y la economía, y las matiza con la estética.

Es ya del dominio de las mayorías el hecho de que, si se cuenta con una licenciatura en ingeniería, se puede estudiar una maestría en cualquier área, ya sea técnica, administrativa, de humanidades o de economía, lo cual no será posible si se estudia otra carrera. Es un hecho histórico que el mundo empresarial y político de mediados del siglo XX estaba dirigido por militares y abogados. Después se dio paso a los administradores, contadores y economistas, pero luego, y desde hace ya un buen número de años, los ingenieros tomaron el mando empresarial y ahora penetran en el ámbito político.

Todo esto es sintomático de mi visión que nos lleva a la reflexión de que el enfoque sobre esta disciplina se debe cambiar comenzando, desde luego, con los programas educativos y escolares.

En cuanto a las matemáticas, bien sabemos que la música, la arquitectura, la física misma y casi cualquier disciplina se apoyan en el llamado mundo de los números. Hay que empezar por borrar de la mente de los escolares la creencia —errónea— de que las matemáticas son áridas, difíciles o aburridas; y en vez de verla como una materia obligatoria, fomentar el sentido práctico y lúdico de esta ciencia, pues se ha vuelto una herramienta más que indispensable no sólo en los fundamentos o la llamada aritmética.

En cuanto a la física, me gusta definirla como la ciencia de los porqués; y es que hasta los filósofos tienen que ser primero físicos y científicos para poder estar en posición de contestar sus propios cuestionamientos.

Por otra parte, ciertos países que van a la vanguardia en la llamada *ingeniería humana,* la han elevado a nivel científico buscando establecer los límites en la salud y en el deporte, tema que se analizará más adelante. Se pronostica que los entrenadores y técnicos serán reemplazados por ingenieros, auspiciando toda una era del nuevo atleta-robot como cualquier otro producto. El atleta natural, en lucha permanente contra las marcas establecidas será sólo un viejo recuerdo. Claro que para lograr esto, primero habría que olvidarse de la bioética.

La humildad, virtud única

La humildad es una virtud única. Es la virtud filosófica por excelencia. Sin embargo, los propios filósofos no se ponen de acuerdo. Y es que su estudio y análisis es complicado, comenzando por el hecho de que quien se jacta de poseerla mostraría, por ese solo hecho, que no la tiene. Por eso se dice que es una virtud contradictoria que sólo podría justificarse por su propia ausencia.

Se puede afirmar que la humildad es un conocimiento discreto —sin jactarse— de lo que somos, pero sobre todo un reconocimiento de lo que no somos, es decir, de nuestra impotencia.

La humildad nos hace ver nuestras limitaciones, nuestras debilidades y carencias y se nos convierte en un estado; este estado de ánimo (muchas veces triste por nuestra impotencia) debemos transformarlo en una fuerza que fortalezca nuestro espíritu que nos impulse a crecer; pero con el riesgo latente de que en cuanto nos sintamos orgullosos por nuestros logros, dejaremos de ser humildes.

Humildad y vanidad están en permanente lucha en el pensamiento del hombre; es un constante ir y venir para no caer en la conducta equivocada. La humildad parece ser una virtud privativa de los santos, pues ni los sabios parecen poseerla, y los científicos y filósofos caen con frecuencia en la soberbia.

El exceso de humildad nos hace caer en la vanidad, pero aclaremos de una vez por todas que la humildad tampoco debe privarnos de aquello de lo que somos dignos, pretendiendo desconocer su valía hasta el punto de rehuirla. Es la llamada falsa humildad. En ambos extremos, tanto el de la vanidad como el de la falsa humildad, ésta deja de ser virtuosa y se convierte en viciosa.

En conclusión, la humildad es aceptarse con lo que se es, contentarse, pero sin vanagloriarse, para no caer en la vanidad. No confundamos la humildad con la vergüenza o los remordimientos de conciencia, pues no se trata de juzgar lo que ya hicimos sino lo que somos.

En páginas anteriores hemos hablado del síndrome del ladrillo, que es el que padecemos cuando subimos un simple escalón del éxito y nos mareamos. Nos olvidamos fácilmente del humilde pensamiento de San Francisco de Borja: «¡No somos nada!».

Cuando logramos el éxito, aun siendo un logro modesto, nuestra humildad se pone a prueba. Si no estamos preparados, el triunfo nos resultará contraproducente. Los elogios y los aplausos nos hacen perder piso olvidando nuestro pasado inmediato. Nos sentimos poderosos e invencibles y subestimamos a los demás. El triunfo fácil y el ascenso rápido al éxito representan la más severa prueba para cualquier ser humano. El dinero, la fama y el poder marean y seducen con suma facilidad a quienes los ostentan.

En las empresas y organizaciones el riesgo de un efecto negativo se presenta cuando se es ascendido a un puesto importante. El ejecutivo se marea.

Ganar un concurso, la lotería o recibir un premio importante, nos suele afectar emocionalmente. No estamos preparados para afrontar estas situaciones. Solemos enfermar y hasta enloquecer. Nos hace jugar al superhombre, sentirnos dueños del mundo o semidioses, y hasta creer que poseemos los méritos para que nos hagan una estatua. Es cuando nuestro "yo" ocupa todo el espacio disponible.

Se debe ser humilde y magnánimo en la victoria. Es una paradoja, pero en el momento en que sintamos que ya ganamos todo, habremos perdido. El triunfo y el éxito hay que conquistarlos día a día. Es necesario acostumbrarse a ganar y convertirlo en un hábito. Ganar debe verse como algo natural.

A la humildad, con frecuencia se le da un sentido erróneo equivalente a sumisión, debilidad y rendición. En el discurso político se utiliza, dolosa y maliciosamente, refiriéndose a las clases pobres y marginadas.

Yo estoy conceptuando la humildad como sinónimo de sencillez, que es donde se vuelve difícil su práctica. Recordemos el breve y reflexivo pensamiento del poeta Antonio Machado:

"Nadie es más que nadie."

Con la idea de preservar la humildad en los deportistas, Larry Bird, ex estrella de basquetbol de los *Boston Celtics*, dice: «Hay que regresar siempre a las bases, a lo más sencillo; si fuera preciso, hay que regresar a entrenar en las canchas de asfalto; es necesario conservar la humildad». Bird está en desacuerdo con los niveles elitistas a los que ha llegado la Liga y sus jugadores, situación que los ha vuelto arrogantes y engreídos.

Pero no sólo los deportistas de élite, sino también las estrellas de cine, artistas, empresarios, líderes sindicales, políticos y hasta ministros de la iglesia, viajan en avión propio, tienen autos de lujo, poseen enormes mansiones y se dan vida de reyes. Esto es altamente cuestionable. No olvidemos que casi todo en la vida, principalmente lo material, es temporal.

Recientemente, la diva Madonna declaró que durante toda su vida se ha portado con gran egoísmo y vanidad. La cantante ha dado un gran paso, pues primero se deben reconocer los errores para luego poder corregirlos. En cambio, conozco a muchos que se ufanan de no saber lo que es la humildad.

Cuando se habla de humildad pienso en la Madre Teresa de Calcuta, quien es, por antonomasia, el ejemplo idóneo de la humildad. Esta futura santa, a pesar de que sus palabras y acciones tenían una influencia a nivel mundial, jamás se mostró ostentosa, y su blanco hábito era un reflejo de la pureza de su alma.

Una de las muchas virtudes de Albert Einstein era su genuina sencillez. Cuando viajaba, acostumbraba hacerlo en clase turista. En una ocasión que llegó a Londres invitado por la reina Isabel, a la comitiva de recepción se le dificultó localizarlo; cuando al fin lo ubicaron, se le preguntó por qué no viajaba en primera clase; Einstein contestó: «para qué, si no voy a llegar más pronto.»

Michael Schumacher y Michael Jordan son también un ejemplo vivo de lo que es la humildad; ambos aprendieron a tomar sus triunfos con una naturalidad pasmosa. Poseen el don de la sencillez.

Las reglas del juego

En la vida, al igual que en cualquier campo de la actividad humana y en la sociedad misma, hay reglas escritas y no escritas. Muchos nos oponemos a las reglas y a todo aquello que nos obliga a comportarnos de determinada manera. Es una rebelión "natural" por creer que se pierde o se coarta nuestra libertad, confundiendo la libertad con el libertinaje. ¿Acaso nos hemos puesto a pensar cómo sería la vida si no existiera reglamento alguno? La vida sería imposible, un verdadero desorden y un caos. Incluso hasta cuando jugamos por diversión o en cualquier juego de mesa, uno se pone de acuerdo con los demás y establece "las reglas del juego", las cuales, aun sin árbitro, deberán respetarse.

Igual es la vida en familia y en sociedad: un conjunto de reglas y leyes que se deben cumplir para poder vivir y convivir con civilidad. Aquí es donde debemos reflexionar, pues se nos ha extraviado la brújula y el sentido común, dejándonos guiar por nuestros instintos de sobrevivencia, perdiendo la supremacía que nos distingue de las demás especies. Hemos olvidado el reglamento del buen vivir, provocando la deshumanización de la sociedad. Un hecho real es que ya ni siquiera vivimos al borde de lo legal, mucho menos de lo moral y mucho, muchísimo menos de lo ético.

El saber vivir y comportarse como buen ciudadano, contrario a lo que pudiera pensarse, no depende del nivel socioeconómico o, al menos, éste no es un parámetro confiable. Un ejemplo: en el transcurso de una reciente campaña de regularización de suscriptores de una empresa de televisión por cable, se detectó, con gran sorpresa, que el robo de la señal presenta un índice mayor en las colonias de nivel económico alto. Como se ve, la conducta moral es cuestión de principios y no de recursos.

Se nos olvida la máxima que dice: "Si algo no es tuyo, debe de ser de alguien". Esto se refiere no sólo a cosas materiales ajenas, sino al respeto que debe haber entre las personas.

"El principio de que nuestro derecho termina donde comienza el de los demás, es recíproco."

Es práctica común que la gente juegue con las apariencias y tenga una doble vida, o bien maneje una doble moral. No hemos querido pagar el precio que se requiere para vivir bien y tampoco hemos tomado en cuenta que, al violar muchas reglas no escritas, éstas se cobrarán, tarde o temprano, nuestra osadía. Es imperativo que cambiemos. El llamado "lado oscuro" de las personas va en aumento y probablemente es el que ya predomina.

Dentro de toda esta conducta, lo mejor es el cumplimiento de la palabra. Décadas atrás era toda una norma de vida y los abuelos lo consideraban una cuestión de honor. Expresiones como "palabra de honor" o "empeño mi palabra", era común escucharlas. Esa conducta tan valiosa se ha perdido.

Y más vale convencernos de que cuando alguien nos confía algo, nos convertimos en depositarios de esa confianza. No podremos defraudarlo.

Un caso interesante y hasta inverosímil es el que se presenta en la conducta de las personas que atraviesan la frontera hacia Estados Unidos. De inmediato cambian su parámetro de conducta. Aunque suele hacerse en forma inconsciente, este cambio es cuestionable, pues nuestro comportamiento debiera ser el mismo o, si me apuran, hasta diría que nuestra conducta debiera ser mejor en nuestro propio país. Aquí el factor psicológico juega un papel importante en nuestro comportamiento.

Más vale aceptar que las normas, los reglamentos y las leyes son necesarios a fin de poder convivir en forma sana y justa, pues establecen los límites permitidos. Como es imposible poner reglas para todo, la mejor guía que nos dice lo que debemos hacer es el sentido común, la lógica de pensamiento, la dialéctica y, principalmente, nuestra conciencia, que es nuestra mejor brújula para poder decidir bien.

En la práctica deportiva lo que norma el comportamiento es el reglamento oficial, aunque hay un reglamento no escrito que también se debe cumplir, llamado ética o espíritu deportivo. Dentro de la sociedad se le llama urbanidad, civilidad o moral. En el mundo del trabajo se le conoce como ética laboral o profesional.

El ajedrez, considerado como deporte, me servirá como ejemplo: como competencia que es, se vuelve una auténtica batalla entre dos cerebros, pero hay dos reglamentos, uno que hay que cumplir por necesidad y otro, no escrito, llamado espíritu deportivo. Es regla de caballerosidad entre los jugadores darse, al inicio y al final, un apretón de manos. «Te deseo suerte» y «te felicito por tu triunfo», son frases que todos deberíamos usar, no sólo en el ajedrez sino en cualquier circunstancia de la vida.

"El objetivo en toda competencia es lograr la, victoria, pero respetando las reglas del juego."

«Debemos prepararnos para la guerra». Esta expresión de George Karl, exitoso entrenador —ya retirado— de basquetbol, hay que entenderla en forma metafórica, es decir, como la guerra deportiva y respetando, desde luego, las reglas del juego.

Si de reglas se trata, la liga de basquetbol NBA se ha mantenido al frente como organización modelo, revisando, en forma permanente, el reglamento del juego y las medidas disciplinarias a fin de mantener el orden y un equilibrio inteligente en la Liga.

La ética de los ganadores

La ética es un conjunto de normas relacionadas con la conducta que nos guían para distinguir lo correcto de lo erróneo o incorrecto y bajo un ángulo moral. Es un código de conducta que rige nuestras decisiones. La ética también debe vincularse con los reglamentos y éstos, a su vez, como ya se dijo, con la lógica, el sentido común, la dialéctica y las circunstancias, pero sobre todo con nuestra conciencia.

La enseñanza de la ética como parte de la educación de todo individuo debe ser más práctica que teórica. La ética en las aulas no deja de ser mera teoría; hay que vivirla en primera persona y por convicción propia, pues la ética no se puede ejercer por decreto. Por desgracia, mucha gente no ha tenido una formación adecuada para saber incorporar la ética como parte de su vida.

Lograr el éxito en los diferentes roles de nuestra vida implica ser honesto y sincero con uno mismo. Esto no es nada fácil, y Shakespeare lo sabía, pues desde hace cuatro siglos nos narraba en sus obras cómo al hombre le gusta vivir con cierta dosis de autoengaño. Al vernos frente al espejo, a muchos —la mayoría— nos gusta imaginarnos una falsa realidad.

"Lo último que podemos hacer es mirarnos en el espejo y engañarnos a nosotros mismos."

El comportamiento ético de una sociedad está en pro porción con su educación y cultura. El grado de alfabetización y el nivel de estudios promedio son un marco de referencia, aunque lo fundamental está en la parte formativa que se aprende en el seno familiar. Está demostrado científicamente que los valores y principios aprendidos en edad temprana prevalecen durante toda nuestra vida.

Fernando Savater lo dice así: «Hay que tratar a los demás como "esperamos" que sean y no como "tememos" que son. La ética es ese código de conducta que uno se impone a sí mismo para convivir con los demás». Yo cambiaría las palabras "esperamos" por "deseamos" y "tememos" por "creemos", pues más que un temor es una creencia.

La ética es eso que nadie me tiene qué decir cómo actuar, porque mi conciencia, mi honor, mi autoestima, mi dignidad y demás valores me lo dicen.

La ética hay que practicarla todos los días. Con el paso del tiempo los principios en que se fundamenta nos van fortaleciendo hasta que se nos convierten en un sistema de vida. Sí, la ética es un buen negocio, porque los buenos también ganan.

La ética bien aplicada a los negocios nos conduce a pensar más en los resultados a largo plazo que en las ganancias inmediatas. Las mejores negociaciones se realizan ahora con una mentalidad ganar-ganar, considerando los intereses de las partes. En cualquier negociación la confianza mutua es más que necesaria. Dentro de la cultura actual de la calidad se debe incluir una actitud honesta a través del código de ética que cada empresa elabora.

"Vivir apegado a los valores éticos, aunque parezca pasado de moda, es una práctica rentable."

Muchas son las empresas que, en la actualidad, han desarrollado su propio código de ética. Esto se está volviendo una regla y, a su vez, están exigiendo a otras, con las que tienen tratos comerciales, una condición ética intachable. El riesgo es que está pasando de ser un acto loable a una moda o esnobismo. Se cae en el llamado juego de las apariencias.

Veamos varios casos reales de gente célebre:

En un tiempo, Michael Jordan promocionaba la marca de un champú para el pelo, pero cuando se dio cuenta de su calvicie prematura, en vez de encogerse de hombros, decidió, en un ejemplo de ética, cancelar el contrato con la empresa fabricante. Luego Jordan explicó: «No podía ser de otra manera».

Bill Clinton —ahora ya semiretirado— ha sostenido: «Tengo como principio no participar en la política de otros países». Jacobo Zabludovsky decía: «Tengo como principio no hablar mal de mis colegas».

Joe Dumars, ex estrella del basquetbol, saltó a la duela el mismo día que murió su padre. Pero no es el único caso: en su momento, los hermanos Michael y Ralph Schumacher corrieron el Premio de San Marino apenas unas horas después de que su madre había fallecido. Para muchos puede parecer criticable, pero mi percepción es que este acto denota un profesionalismo sin paralelo. Cabe decir que Michael ganó, aunque no descorchó champaña por respeto a su madre. «Amaba vernos correr», dijo al final de aquel evento. A Michael, ya retirado, su intrepidez lo llevó a sufrir un gravísimo accidente en un deporte que no dominaba y que lo tiene ahora postrado.

Veamos ahora varios casos negativos:

En una encuesta entre cien atletas de alto rendimiento se les hizo la siguiente pregunta: «Si le dieran una píldora que lo hiciera campeón, pero que también lo matara en un año, ¿la tomaría?». Más de la mitad de las respuestas fueron afirmativas.

Es práctica común que, por falta de una cultura laboral, la gente sólo se esfuerza y adopta una actitud cooperativa cuando se acerca la renovación de su contrato. Lo más preocupante es que la conducta ética de los profesionistas y los técnicos que prestan sus servicios en forma independiente, no es confiable y el desprestigio es evidente desde un plomero, un técnico en electrodomésticos o un mecánico automotriz hasta un abogado, un vendedor o un médico especialista.

Un caso cuestionable al margen de todo sentido ético se presenta cuando un *coach* le dice a su pupilo: «Si vas a hacer una falta, ¡hazla bien!». Hay que aclarar que, contrario a lo que se piensa, en la mayoría de los casos la intención no es lesionar al rival sino imponerse en la cancha y dominar el cotejo.

Nuestro código de ética debe ser el reflejo de una filosofía que gobierne nuestras acciones. Se debe dar siempre lo mejor a fin de cumplir la norma. Presento en la página siguiente un sencillo y práctico código de ética.

≈ ≈ ≈ ≈

Código de ética

* Adquiera una ética de valores y principios respaldada por la práctica y el ejemplo.

* Compita primero contra usted mismo y luego compita en buena lid contra los demás.

* Ame y honre a sus padres y a su familia; escúchelos y atienda a sus consejos.

* Sea un buen modelo para los demás; mientras mayor poder posea se tiene mayor responsabilidad.

* Agradezca los dones que Dios le dio y conserve la sencillez y la humildad.

* Trabaje con devoción y ahínco y haga que todos trabajen y mejoren su rendimiento.

* Transmita alegría, disfrute cada momento y muestre su buen humor con ingenio y talento.

* Sea agradecido y sincero; ayude a los demás a ser mejores personas, alegres y felices.

* Sea cumplido y responsable, ya sea como profesionista o en su trabajo, cualquiera que sea.

* Conviva con los mejores amigos y deposite la confianza en ellos y no olvide que la confianza es recíproca.

* Disfrute lo que haga; dé lo mejor de sí mismo como si fuera el último día de su vida.

* Busque la victoria como una consigna, pero respetando las reglas del juego.

* Aprenda a reírse de sí mismo; si no puede reírse de sí mismo, no podrá reírse de nada y de nadie.

* No crea que la luna es de queso, pero mucho menos sea un costal de mañas.

J. A. Razo ©

7

LIDERAZGO GANADOR

Ser un guía modelo

El arte del liderazgo consiste
en liberar, abrillantar y pulir
las cualidades de las personas.

J. A. Razo

El factor adaptación

UNA DE LAS MÁS ELOCUENTES MANIFESTACIONES DE LA inteligencia es la de su capacidad de adaptación. Saber adaptarse al cambio y a las circunstancias, dominando la incertidumbre, es una muestra del talento, sobre todo ahora que el mundo se caracteriza por una continua evolución y renovación. Quien no se adapta con rapidez al cambio entra en una etapa de estancamiento y retroceso que terminará por extinguirlo.

Debemos ser sensibles a las señales que anticipan los cambios de situaciones. Cuando no estamos dispuestos a cambiar nos resistimos a percatarnos de los avisos que anticipan los nuevos rumbos. Vemos de soslayo los vientos de cambio, aun a sabiendas de que más tarde tendremos que afrontarlos.

El no querer cambiar, a pesar de estar frente a algo evidente, o bien se debe a una actitud de apatía derivada del mal hábito de posponer, o a un temor casi siempre injustificado.

"Pocas cosas ocurren de repente; lo común es que haya señales que anticipan los acontecimientos."

El temor al cambio se presenta cuando tenemos que enfrentar situaciones nuevas o diferentes que, a su vez, nos obligan a tomar nuevos retos a fin de evitar poner en riesgo nuestro estatus. Entonces el miedo no nos deja ver la realidad, nos impide actuar y cuando por fin reaccionamos, resulta ser demasiado tarde y un gran sentimiento de frustración o fracaso nos invade.

Para permanecer en el éxito debemos evolucionar a fin de impedir que perdamos todo lo que ya hemos logrado, y que es lo que nos hace sentir satisfechos. Evolucionar implica actualizarse, tener sentido crítico, cambiar de actitud y adaptarse a la nueva situación. Hay que hacer de la adaptación al cambio un hábito permanente. Podemos empezar con pequeños cambios para luego ir adaptándonos gradualmente a la nueva situación.

El mundo exterior cambia y avanza, y las circunstancias cambian y avanzan también y si nos confiamos y no actuamos, las nuevas situaciones amenazarán derrotarnos, rebasarnos y hasta avasallarnos o aniquilarnos. Hay que impedir que la marcha progresista e incesante del tiempo nos rebase.

El "factor adaptación" se aplica en todos los ámbitos de nuestra vida. Desde un ángulo biológico nuestra existencia también está sujeta a una constante adaptación. Al entrar en la vejez el cambio de edad nos obliga a modificar nuestros hábitos y estilo de vida. Es lo que conocemos como "la edad de los nunca".

En la esfera familiar la relación padre-hijo tiene que ir adaptándose a las diferentes etapas. Así también el rol que jugamos como cónyuges es cambiante.

Un ejemplo de cambio y adaptación ciertamente drástico fue el que tuvo que afrontar mi sobrino, a la sazón de nueve años, cuando se tuvo que ir a vivir a California con sus padres debido a que mi hermano fue a estudiar su doctorado a la UCLA.

En la esfera profesional nuestra permanencia en las organizaciones está directamente relacionada con el factor adaptación. Debemos estar conscientes de que cualquier situación por segura o estable que parezca puede cambiar de un día para otro, aunque nuestra vanidad nos impide ser objetivos. Cuando la gerencia nos informa que nos enviarán a otra ciudad o al extranjero uno suele enfadarse y hasta oponerse por no estar preparado para el cambio, cuando lo correcto sería el adoptar una actitud positiva consciente, APC, a fin de adaptarnos pronto a la nueva situación, incluyendo a nuestra familia. Así también el riesgo de vernos desplazados por personal más joven es, en cierto modo, algo normal y permanente. Así, adaptarse al cambio se ha vuelto un imperativo.

De igual manera, la alta dirección empresarial a fin de mantener su competitividad, debe implementar una política flexible y equitativa. La rapidez de respuesta a los avances tecnológicos y a las estrategias de marketing es la clave para competir

"La clave está en el tiempo de adaptación al cambio
Más que un pez grande importa ser un pez rápido."

Como empresario, el concepto del cambio lo entendí a la perfección cuando un competidor se instaló frente a mi negocio. Desde ese momento —como lo dice Bob Dylan en su canción— las cosas habían cambiado.

Hay situaciones cambiantes en la que, en apariencia, no tenemos ninguna responsabilidad, pero que las tenemos que afrontar, por ejemplo, una crisis derivada por la devaluación de la moneda o el cumplimiento de la nueva reglamentación ambiental. Aun en casos como éstos no estaré de acuerdo en que se adopte una actitud indolente o negativa.

Hay que ser capaces de reírnos de nosotros mismos, controlar el temor y empezar a movernos nuevamente. Cambiar y adaptarse al cambio por nuestra propia iniciativa es lo adecuado. Si bien el miedo no puede evitarse, si se puede controlar y dominar.

"Cuando su vida se encuentre destrozada
Junte los pedazos y siga adelante."

Una vez que superamos una crisis quedamos fortalecidos. Con ironía, pero con gran dosis de verdad se dice que "todo aquello que no mata nos fortalece". Dicho de otro modo: todo cambio debe ser para mejorar.

Es tiempo de buscar nuevas opciones, ser polifacéticos, vencer viejos paradigmas y adaptarnos a las nuevas circunstancias. También habrá que olvidarse de la llamada "ley del menor esfuerzo" pues con esa conducta —principalmente cuando la interpretamos a nuestra conveniencia— difícilmente se avanzará.

Adaptarse al cambio significa entrar en un proceso de crecimiento personal, aunque en última instancia puede verse como un acto conveniencia o hasta de sobrevivencia. Basta observar el medio ambiente y nuestra relación con la naturaleza para percatarnos de que las especies que han sobrevivido al paso del tiempo no son las más fuertes o las más grandes sino aquéllas que se han sabido adaptar mejor a los cambios. Los legendarios dinosaurios habitantes de este planeta hace sesenta millones de años se extinguieron por no saber adaptarse a los cambios climáticos.

EL líder ganador

Hoy día, los auténticos líderes, tanto los que nacen con ese don como los que lo desarrollan, son los que guían y enseñan el camino. El líder ganador pasa de las simples palabras a los hechos, y del simple discurso al buen ejemplo.

**"Sólo las promesas que se cumplen son dignas
de tomarse en cuenta, las demás no sirven."**

El líder auténtico sabe que la mejor forma de decir es hacer, y que la mejor promesa es la que se cumple, las demás no son dignas de tomarse en cuenta. El buen líder debe saber influir en la conducta de los demás. Esto requiere talento y habilidad y además implica una gran responsabilidad porque ese cambio de conducta tiene que ser para bien. Todo esto hace que el liderazgo se convierta en un arte.

El líder, para modificar la conducta de alguien, deberá de tomar en cuenta los siguientes tres factores a fin de inducirlo al cambio:

*** Deberá de anotar y explicar con claridad lo que desea de él. Éste es el paso más sencillo.**
*** Deberá explicarle que puede hacer lo que se le pide siempre y cuando así lo decida.**
*** Deberá convencerlo de que el hacerlo será por su propio bien y beneficio.**

Este último paso es el más importante en el proceso de inducción. Aquí se da por hecho que todo líder debe ser un motivador —consciente— por definición.

La automotivación también juega un papel esencial pues el líder debe asumir su responsabilidad sobre el grupo utilizando su propia motivación. El líder sabe que tiene que demostrar toda su capacidad en los momentos cruciales y asumir el mando de la situación. Además, debe saber mantener un estado de ánimo elevado y para tal efecto tiene que tomar conciencia de su misión.

Todo líder debe de ser una persona de hechos. El buen liderazgo, más que con palabras se debe fundamentar en la acción, en el buen rendimiento y en el trabajo duro. Se deberá de poner la responsabilidad sobre sus hombros la cual se manifestará cuando sea necesario.

**Si las palabras del líder no están respaldadas
por el trabajo duro, de nada servirán.**

Todo líder debe establecer propuestas de cambio. Las personas con madera de líder son innovadoras, proponen cambios y mejoran su entorno.

Los líderes, dentro del proceso de motivación, deben de utilizar una adecuada comunicación verbal y corporal. Hay individuos que a pesar de su gran capacidad y talento no pueden considerarse como líderes en forma implícita pues, como ya se explicó, deberán ser motivadores y comunicadores eficaces. Hay personas que, a pesar de haber alcanzado niveles de excelencia personal, carecen del sentido del humor, son inexpresivos o tímidos.

Visto así, el liderazgo se convierte en arte, pues el comportamiento de los liderados o seguidores con gran frecuencia resulta impredecible. El liderazgo es más de carácter práctico que académico o teórico.

Para ser un ganador se debe aprender el arte del liderazgo. El siguiente texto muestra las principales características y cualidades que debe reunir el auténtico líder:

El líder ganador

Características que deben reunir quienes quieran manejar las empresas como verdaderos CEO y líderes.

* El liderazgo es más de carácter práctico que académico. El líder nace, pero también se forma. Los líderes ganadores aprenden rápido, reconocen sus puntos débiles y tienen la capacidad de remediarlos.

* El líder sabe que su oficio se ha convertido en arte. Consiste en liberar, abrillantar y pulir los dones de las personas; al saber escuchar, respetar y apoyar las ideas de los demás, puede descubrir sus dones, talentos y aptitudes, logrando que aporten lo mejor a la organización.

* El líder reconoce el talento individual y lo aprovecha con eficacia. Convierte el trabajo en una oportunidad de disfrutar la equidad, la identidad y los valores como el amor, la belleza y la alegría. A un buen líder no le debe resultar difícil apreciar los aciertos de la gente.

* El líder debe poseer y transmitir un gran entusiasmo. Su actitud positiva consciente, debe ser un reflejo de la firmeza de sus pensamientos, especialmente en los momentos críticos. El líder es un motivador natural por definición.

* El líder sabe que la confianza conseguida en mucho tiempo se puede perder en un instante ya sea con sus colaboradores, clientes, proveedores o socios. La confianza, en cualquier época, siempre será la base de cualquier relación exitosa.

* El líder debe adoptar y adaptar la transformación digital. Los conocimientos sobre informática, tecnologías de la información, mercadotecnia y finanzas constituyen un camino hacia la cima. Más que un lujo o moda la digitalización es una estrategia prioritaria para lograr la innovación y la ventaja competitiva.

* El líder está convencido de que los demás encuentran en él a un guía y un apoyo prácticamente incondicional; su presencia inspira respeto y confianza, de modo que como todos están

pendientes de su desempeño, el líder está obligado a tener un rendimiento de alto nivel.

* El líder debe ser un comunicador por antonomasia; la comunicación efectiva debe ser parte de su naturaleza. Su manera de comunicarse y su capacidad para tratar a la gente son básicas, sabe escuchar y mostrar respeto por otros que tienen ideas distintas; sabe conectar con personas de diferentes generaciones.

pues tan importante es hablarle a la gente en su propio lenguaje, como en un léxico que haga mejorar su vocabulario y su forma de expresarse; es un sutil equilibrio que habrá que mantener.

* El líder debe poseer valores como la sinceridad y la honestidad; éstas y otras virtudes son indispensables. Pero, sobre todo, el líder debe ser auténtico, es decir, que diga lo que diga o haga lo que haga, deberá ser con una actitud que le salga y nazca del corazón, si no, no sirve. La integridad del líder debe ser a toda prueba.

* El líder debe ser un innovador. Debe promover entre sus seguidores la innovación y creatividad, y saber adaptarse continuamente a los cambios. Nuevas ideas para nuevos escenarios y situaciones. La innovación es esencia y es una de las tres prioridades de las organizaciones.

* El líder debe asumir un compromiso ambiental dentro de la sociedad. Debe promover la sustentabilidad dentro de su organización para que sea un diferenciador competitivo y dentro de un proyecto global, y adherirse a los programas oficiales.

* El líder ganador debe tener una visión futurista acertada. Debe saber adaptarse y tomar decisiones con rapidez. Ser capaz de asimilar conceptos nuevos y ser hábil en simplificar lo complejo. Si su liderazgo es genuino le permitirá trascender y dejar un legado ejemplar para las futuras generaciones y ante la historia.

J. A. Razo ©

La gente que posee sueños y esperanzas necesita de un líder a quien seguir, a fin de ir en pos de ese sueño.

Ante esto, el líder sabe de la importancia de su oficio y de su tarea pues sus seguidores quieren sentir seguridad con su presencia y confiar en que su desempeño sea óptimo y parejo, lo cual constituye otro de los atributos que todo líder debe poseer: ser consistente, es decir que su desempeño no tenga altibajos.

Una de las manifestaciones del liderazgo ganador de Michael Jordan fue cuando en el quinto partido de la serie final contra Utha, en junio de 1997, Michael jugó enfermo, con infección intestinal. Tenía el rostro demacrado y fiebre. Durante esa memorable actuación que condujo a Chicago a la victoria, diría: «¡Vamos no se rindan nuestra credibilidad y prestigio está en juego!». Estas palabras de Michael son dignas de cualquier líder, motivador o entrenador profesional.

Una buena conclusión es entender que el liderazgo es universal pues se aplica y se desarrolla por igual en la vida de todos los seres humanos, ya sea en una familia, un monasterio, un equipo deportivo, una escuela, una empresa o un partido político. Es indispensable la existencia de líderes para que guíen y dirijan a los demás, a fin de que el mundo evolucione y avance.

Un *coach* para toda la vida

Los seres humanos deberíamos de tener un entrenador mientras vivimos. Una especie de ángel guardián. Lo ideal sería que desde la infancia y luego la adolescencia, además del maestro de la escuela, se tuviera por separado un profesor que ayude al futuro ganador a planear y organizar su vida, alguien que lo guíe, enseñe, capacite, concientice y motive. Ya de adulto, tendría altas probabilidades de convertirse en todo un campeón.

"Todo *coach* o entrenador debe ser un guía capaz de crear una actitud positiva consciente "APC" triunfadora en sus pupilos o alumnos."

Lo correcto es complementar la educación escolar con la vigilancia y orientación de los padres en casa y el apoyo de un profesor particular. Así, el joven aprenderá por diferentes medios pues hay que evitar que la educación del joven quede reducida a las aulas y al aprendizaje informal fuera del hogar, el cual, por lo general, resulta nocivo o en el mejor de los casos inadecuado.

La educación en las escuelas y universidades está en constante evolución. Un nuevo enfoque en la enseñanza está dirigido a entender que la función del maestro, ante la imposibilidad de enseñarlo todo, lo que debe hacer es servir de guía, para que el alumno, más que conocimientos aprenda a aprender, y adquiera el hábito del estudio y la lectura a fin de que en el futuro ya como profesionista se mantenga actualizado; es decir, la educación debe ser continua; se debe concientizar al alumno acerca de la necesidad de continuar sus estudios a nivel de maestría y doctorado. Pero lo más importante es que la enseñanza debe estar centrada en un sentido humanista, con valores y principios que hagan que el joven piense bien y por consiguiente actúe bien. Los programas de estudio actuales deben fomentar la creatividad y la actitud emprendedora. Por su parte, el profesor universitario deberá estar plenamente identificado con su vocación y mantenerse actualizado y percibir, por supuesto, un salario justo.

"Detrás de todo ganador, hombre de bien o individuo productivo está la mano del maestro."

A los padres nos gusta, por ignorancia o conveniencia, hacernos a la idea de que en la escuela les enseñarán "todo" a nuestros hijos y entonces los desatendemos y nos desentendemos de ellos, olvidando que los padres debemos ser unos guías permanentes.

Por otra parte, contrario a lo que se cree, también en la edad adulta se requiere un apoyo similar, lo cual se obtiene a través de un consultor. Todo dirigente, líder o individuo ganador sabe que requiere de especialistas, por ejemplo, asesores en imagen pública, finanzas, psicología, ingeniería, negocios, además de las ya conocidas como son el abogado, el médico y el contador. Aquí se presenta un problema de índole cultural, pues creemos, erróneamente, que tener un consultor o asesor es un síntoma de incompetencia o debilidad y en el caso de que lo aceptemos como algo necesario queremos que no nos cueste.

Por lo general se desconoce que los grandes campeones, ya sean tenistas, ajedrecistas o basquetbolistas, por mencionar sólo tres, tienen además del *coach* del equipo su propio entrenador con quien trabajan en todos los aspectos del juego. Esta medida debiera ser universal, es decir tener "un *coach* para toda la vida".

Concluyamos el tema reafirmando que desde la edad escolar debemos de capacitar a nuestros hijos por medio de un entrenador o guía que lo adiestrará para ser un futuro ganador. Argumentar que estamos en tiempos de crisis o que los ingresos familiares no son suficientes es una excusa pues si no hay disposición para hacerlo, no se hará, aunque sean tiempos de bonanza. Así que habrá que hacer un esfuerzo adicional.

El factor tiempo

El tiempo es un recurso, un valioso recurso que resulta determinante en nuestra vida. Depende de nosotros y sólo de nosotros saberlo administrar bien. El buen manejo y administración del tiempo requiere sabiduría, prudencia y sentido común. Poseer la virtud de aprovechar el tiempo implica disfrutar los buenos momentos, pero también ser productivo, tener una vida satisfactoria y crecer, en el sentido amplio del término.

Los ganadores "exprimen" su tiempo al máximo. El secreto está en que son personas que trabajan entre 60 y 90 horas por semana y además saben utilizar bien su tiempo libre.

"Cada segundo de cada minuto que vivimos, jamás regresará, por lo tanto, debemos de aprovecharlo."

La pregunta es: ¿Qué hace usted con sus horas libres de cada día?

El valor del tiempo depende de nosotros. Puede valer mucho o poco o puede valer nada si lo desperdiciamos.

Por eso hay que darle al tiempo un alto valor hasta convertirlo en oro.

Se debe ser estricto con el tiempo, pero amable con las personas. Para evitar que el tiempo nos atrape, se deben:

*** Dar prioridad a nuestras actividades y citas en función de su importancia y no en razón de nuestros gustos o preferencias.**
*** Evitar que las actividades se expandan hasta ocupar el mayor tiempo posible. Se debe fijar un tiempo máximo para cada actividad y cumplirlo.**

Es famoso el Conejo Blanco del cuento de *Alicia en el país de las maravillas*, a quien siempre le movía una prisa endemoniada pero no sabía para qué. Decía: «¡Llego tarde, llego tarde!, no hay un momento que perder, ¡qué tarde se está haciendo!». Siempre tenía prisa, pero, "diablos", no sabía para qué.

Conozco gente que como el conejo casi siempre tiene prisa y se le hace tarde en casi todo. La falta de planeación es evidente. A este comportamiento lo he llamado "el síndrome del conejo" y se refiere a la conducta que se adopta, convertida en manía, por tener una prisa 'loca' producto de una mala planeación del tiempo.

Se dice coloquialmente que "con el tiempo no se juega". Hay que evitar que las tareas se vuelvan urgentes. Una actividad, aun de poca importancia, se volverá urgente si no la atendemos a tiempo con los consiguientes desajustes en nuestra agenda.

Si lo que se tiene qué hacer hoy no se comienza a hacerlo, ¿cómo podré decir que empezaré mañana?

Cuando se posponen los asuntos éstos terminan acorralándonos. Al final terminamos haciéndolos con una carga extra de estrés que nos enferma. Es entonces cuando el factor tiempo nos vence. La moraleja es: "Debemos erradicar el mal hábito de posponer las cosas". Todo un reto para la mayoría, digno de un estudio.

El tiempo transcurre inmutable sin que se pueda alargar almacenar o detener. A veces nuestra mente distorsiona esta percepción haciendo que sintamos que el tiempo pasa más de prisa al final de una actividad. Esto se puede evitar administrando bien nuestras tareas. Por igual, en toda negociación el manejo adecuado del "factor tiempo" resulta esencial.

Sin pretender entrar en el terreno científico, todos hemos experimentado que el tiempo es algo relativo. Hasta el mismo Einstein comentó algo al respecto: "Cuando tenemos una chica bonita sentada en nuestro regazo —dijo—, una hora nos parece un minuto; pero un minuto sentados sobre una estufa al rojo, nos parece una hora.

Hay que evitar desperdiciar el tiempo en larguísimas conversaciones telefónicas, en interminables cortesías o volviéndose adicto a la televisión o al Internet con todas sus modalidades. Es cierto que el paso de los años sensibiliza al individuo, pero hay que evitar que esto suceda demasiado tarde. Lo importante es ser útil y productivo, lo cual uno puede serlo desde el momento mismo en que decida serlo, en lo cual el "factor tiempo" juega su parte, pues el último minuto también tiene sesenta segundos.

El tiempo es una dádiva tan maravillosa que podemos convertir en algo tan útil o inútil como queramos. Nosotros empuñamos el timón.

Ocasionalmente conviene perderse un poco en el tiempo, es decir tomarse una tarde libre y sin agenda de por medio.

Realice su tiro a tiempo, de lo contrario perderá
La manija y el control del partido de su vida.

En el basquetbol, el reloj es de 24 segundos, si no se hace el tiro a tiempo se pierde la posesión del balón; en el deporte hay un árbitro que sanciona la falta; en la vida cotidiana nosotros somos nuestro propio y único juez.

≈ ≈ ≈ ≈

8

DISCIPLINA Y SALUD

La mente y el cuerpo en sincronía

La salud no sólo es el óptimo bienestar
Físico, sino además el óptimo estado
mental, emocional y espiritual.

J. A. Razo

El cuerpo y el rostro, reflejo del yo

CADA DÍA, EL HOMBRE TOMA MAYOR CONCIENCIA ACERCA de su salud. El concepto tradicional de la "buena salud" sólo como un bienestar físico, se ha sustituido por el de la salud integral que comprende, además del mero aspecto físico, los aspectos mental, emocional y espiritual. Dentro de este nuevo concepto, el óptimo estado físico y de salud mental, manifestado a través de pensamientos y actitudes positivas conscientes, APC, es predominante.

Cabe decir, entonces, que la verdadera y completa salud empieza por nuestro yo interior. Lo que uno muestra a los demás, principalmente a través del rostro, los ojos y el cuerpo, son un reflejo del interior que brota hacia el mundo que nos rodea. Para ello utilizamos nuestra mirada, nuestra piel, los otros sentidos y, principalmente, las actitudes y conductas. La belleza exterior es importante, pero la verdadera belleza y salud es la interior. Es la mente y el alma las que dominan al cuerpo. ¿Se ha fijado en los rostros de los ganadores? Nos dicen mucho, lo cual, a su vez, es un reflejo de su interior. Estos rostros son dignos de un estudio de psicología especializada en morfología del cuerpo e interpretación de los rasgos de la cara. El cuerpo y el rostro son un espejo de la mente y del espíritu. Si pensamos bien, en consecuencia, nos vemos bien y actuamos bien. Es una ley que no falla: "Bien por dentro, bien por fuera", y no a la inversa.

"El cuerpo y el rostro son nuestro espejo; por eso es importante sentirse bien, verse bien y estar bien."

Derribemos el mito de: "Mente sana en cuerpo sano", aforismo anacrónico que no funciona. Precisamente es a la inversa: "Cuerpo sano en mente sana", pues el cuerpo estará sano si la actitud positiva consciente, APC, el estado de ánimo y el espíritu se encuentran bien. Lograr y mantener un estado de salud pleno, requiere la ejercitación continua no sólo de nuestro cuerpo, por medio del ejercicio, sino también de la mente y el espíritu. Estos tres componentes deben estar en armonía.

En el diagrama se comprende, sin mayor dificultad, que se deben mantener en equilibrio los tres campos de la salud. Luego, uno debe adaptarlo a su situación particular y determinar en qué campo se debe trabajar más para conservar el equilibrio.

Diagrama de la salud integral del individuo

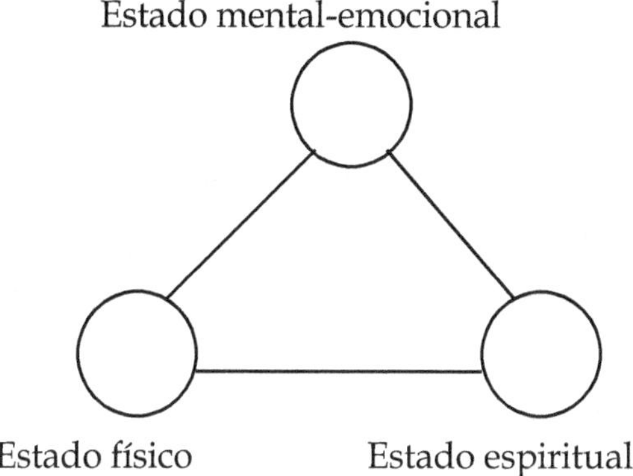

Tomemos el deporte profesional como base para explicar esta tesis.

Si uno decide ser deportista profesional, esta ejercitación y preparación deberá ser óptima, pero, no sólo en el aspecto físico sino también en el mental y espiritual. La mayoría cree que el deportista sólo debe cuidar su estado físico, lo cual es nada más una parte de la ecuación, porque la preparación mental-emocional y la espiritual son igual o más importantes. Con respecto al factor mental, Helenio Herrera, el legendario entrenador de futbol, decía: «Primero entrenaré la mente y luego las piernas». Así, caemos en cuenta de que, en la actualidad, un deportista profesional debe tener mayores cualidades que otros profesionales en otros campos. Esto cambia el paradigma, pues, en mi opinión, el deportista profesional actual primero, y antes de todo, debe ser un ser humano, luego un atleta y después dedicarse a su profesión según el deporte elegido.

Al parecer son demasiados requisitos a cumplir, pero todos ellos indispensables en el deportista profesional actual, si aspira a ser deportista de élite o atleta de alto rendimiento. La creencia de que un deportista sólo es un conjunto de músculos en acción es arcaica. Habrá que darle todo el crédito al verdadero deportista profesional, quien mediante una disciplina que "asusta" debe mantener una perfecta sincronía mente-cuerpo. Este nuevo enfoque que, como ya se dijo, cambia el paradigma, hasta ahora está comenzando a ser reconocido.

"El deportista profesional de hoy debe ser un atleta, dominar su campo, poseer gran fortaleza mental y, ante todo, seguir siendo un ser humano digno."

De modo que no es una falacia ni un juicio *a priori* afirmar que el deportista profesional de hoy día requiere un mayor grado de preparación que otros profesionales en los demás campos. Con el agravante de que la vida deportiva es corta y no siempre bien remunerada. El deportista, convertido en atleta profesional, se transforma a su vez en una especie de superhombre, o supermujer, donde lo mental, lo emocional, lo físico y hasta lo espiritual se vuelven consustanciales.

Cierta teoría busca explicar el por qué el individuo rebasa los límites de la prudencia y se lanza a la búsqueda de hazañas, a menudo sin sentido, aunque resulten valiosas para la supervivencia humana. Sin embargo, no debemos olvidar que física y biológicamente el ser humano es un ente limitado, pues:

"La estructura ósea del atleta tiene un límite físico, más allá del cual los huesos se rompen."

A pesar de ésta y otras claras evidencias, el afán indómito del atleta lo induce a tratar de romper esos límites impuestos sin importar el grado de riesgo. El hombre intenta escalar los picos de las montañas, conducir autos a mayor velocidad, romper la barrera de las dos horas en la maratón o sostenerse más tiempo en el aire. Esto, sin considerar otros deportes "extremo" o su espíritu aventurero como el de Robert Scott, descubridor del polo Norte.

"El atleta se vuelve adicto, en cierto modo, a las endorfinas y adrenalina. Su cuerpo las necesita."

Deseo y voluntad guiados por la mente son la base de esta teoría que en el terreno de la psicología se conoce como el "factor Ulises", nombre inspirado en el personaje mitológico simbolizado, en este caso, por una interminable preparación y entrenamiento, llevados más allá del dolor y el estrés, del desaliento y la desazón; todo con el fin de romper una marca y pasar al libro de los récords. Cuestiones que tan sólo indican el contorno de estos límites o la punta del iceberg

El sutil equilibrio o la perfecta sincronía del poder físico y la fortaleza mental, sólo los atletas rompedores de marcas han sido capaces de llevarlo a cuestas. Son seres ganadores, propiamente sin límites.

Disciplina y salud

La disciplina —o mejor dicho la autodisciplina—, como sinónimo de orden y respeto propio, es un elemento básico del éxito y se convierte en algo fundamental en la vida de las personas y de las organizaciones, incluyendo las deportivas. En última instancia puede verse como un acto de conveniencia, pues si usted es disciplinado en su vida, llegará lejos y tendrá mejor salud... y vivirá más y mejor. Todo está interrelacionado: salud, orden, disciplina, respeto, éxito. Final feliz. Pero no es fácil. Veamos por qué.

Sin disciplina, los negocios, los estudios, el deporte o la vida misma, no se conciben, no sólo en cuanto a cumplir las reglas y el orden sino a todo el entorno. Si no se cumple el reglamento y no se es disciplinado, no se puede permanecer en ninguna organización, empresa o equipo. La expulsión es automática.

Si usted juega algún deporte, incluso como aficionado, y no quiere ser un perdedor, debe ser disciplinado, pues si no lo toma con seriedad, hasta el riesgo de sufrir una lesión aumenta considerablemente. Como deportista aficionado lo peor que se puede hacer es convertirse en jugador de "fin de semana", porque la posibilidad de sufrir un infarto o una lesión se hace presente. No es sorpresa pues, afirmar que:

"Disciplina y salud van juntas; son tan esenciales que se consideran el primer paso hacia el éxito."

"Adelgace y pierda peso en unos pocos días", es una frase comercial en apariencia sencilla, pero tan difícil de lograr que se ha convertido en una mina de oro y en un negocio millonario que ofrece recetas y métodos para conseguirlo, pero con resultados casi todos fallidos. Lo que se vende es expectativa y esperanza a cambio de vaciarle sus bolsillos, que es lo que en realidad lo hace pesar menos. Sin embargo, yo le diré cómo hacerlo: se llama disciplina. Si en verdad a usted le interesa cuidar su peso y su salud, con más o menos esfuerzo lo conseguirá. Sólo se requiere incorporar en su mente consciente y subconsciente la palabra mágica: disciplina. En el 80 por ciento de los casos dará resultado.

Analicémoslo de otra manera: el cuerpo humano es como una caja negra en donde al final lo que cuenta, para fines prácticos, son las calorías que entran a través de los alimentos y las que salen o se queman a través del ejercicio o las actividades cotidianas. Si lo que entra es mayor a lo que sale, tarde o temprano subirá de peso y viceversa. De modo que, si toma en cuenta que los deportistas pasan varias horas en las prácticas y en el gimnasio, la fórmula no parece tan difícil. Todo es cuestión de *hábito*, pues una vez logrado éste, no podrá parar y no querrá vivir sin el ejercicio. Además, su cuerpo lucirá esbelto, eliminará grasa corporal, se volverá más resistente a las enfermedades y tendrá más energía. Visualice su figura y piense, o inspírese, en alguien a quien admire.

Cada vez hay más gente que dedica parte de su tiempo libre al acondicionamiento físico, acuden a los *spas, gyms,* centros de artes marciales, carreras atléticas, ejercicio al aire libre en parques o ejercicio en casa.

Sin embargo, la mayoría de la gente no es disciplinada ni siquiera para comer y es entonces cuando empiezan las complicaciones, porque si a usted no le importa lo que come, cuánto y cuándo lo come, si come sólo para deleitar su mal educado paladar, su organismo la pasará mal, su sistema inmunológico se debilitará y, tarde o temprano, terminará con problemas de salud, y lo peor es que aumentará de peso. De modo que:

1. **Haga ejercicio: quemará calorías y eliminará el estrés; el ejercicio rara vez le será perjudicial.**

2. **Coma sólo lo necesario, en la cantidad y frecuencia adecuada; coma con orden y sea moderado; siga una dieta o plan alimenticio.**

3. **Hágalo así siempre, no sólo una semana, ni un mes o medio año, hágalo toda su vida; haga de la disciplina su norma y su estilo de vida.**

4. **Dese un gustillo, pero sólo de vez en cuando; coma para vivir y no a la inversa.**

Muchos atletas, a pesar de saberse superdotados, entrenan como novatos y evitan toda clase de excesos.

Sobreestimar sus cualidades puede ser altamente arriesgado. Recordemos los casos de los ya fallecidos Muhammad Ali y Diego Maradona, ambos superdotados pero que terminaron mal. Maradona, poseedor de grandes facultades, creía que no necesitaba entrenar; de allí el mote —poco conocido— de "gato", pues sólo necesitaba dormir y jugar. Pero eso, que se veía con asombro, fue precisamente lo que acabó prematuramente, entre otras cosas, con su carrera deportiva. Maradona se olvidó de la disciplina, del gimnasio y de los entrenamientos intensos a tope. Al final, el abuso en el consumo de drogas terminó prematuramente con su vida. Por su parte, Ali padecía el mal de Parkinson.

Una cualidad distintiva de los atletas superestrellas es que, debido a su férrea disciplina y a la correcta dieta alimenticia, no sufren lesiones serias que mermen su rendimiento. Evitan los excesos pues saben bien que, si su preparación es deficiente, pronto vendrán las lesiones. Muchos piensan que las lesiones son "cosa de mala suerte", cuando en realidad son resultado de un mal estado físico y mental. El sobrepeso es una de sus principales causas; pocas veces las lesiones son cosa fortuita.

Así también, la fatiga aparece derivada de un mal estado de salud o mala condición física, convirtiéndose en un factor que hace perder partidos.

"El deficiente acondicionamiento físico y mental es el causante principal de las lesiones."

Lance Armstrong, el multicampeón de ciclismo, fue un deportista tan disciplinado que le permitió vencer al cáncer y ganar siete veces *Le tour de France*. Sin embargo, esa imagen se desplomó cuando se comprobó que se dopaba. Armstrong terminó por aceptarlo.

Una anécdota interesante es el caso de Sean Elliot, estrella de los *San Antonio Spurs*, quien regresó del umbral de la muerte gracias a que recibió, por medio de un trasplante, un riñón de su hermano Noel, mostrando luego una sorprendente recuperación. Elliot, consciente de que antes que ser basquetbolista, está el don de la vida y de la salud, declaró después de lograr el campeonato: «No creo que sea el momento de hablar de mi carrera profesional, lo único que puedo decir es que he ganado el mejor título de todos, el de la vida». Seguramente Elliot conoce la cita del pensador Thomas Carlyle: «Sólo la salud es una victoria». Sean Elliot recuperó, con tesón y disciplina, su salud y como caso insólito volvió a jugar.

De modo que la diferencia, entre lograr o no sus propósitos, se llama disciplina, usted decida.

El hombre sin límites

Ya hemos dicho que el ser humano es un ente físicamente limitado; incluso se puede afirmar que su naturaleza es endeble, lo cual no es difícil de comprender. Basta comprobar que, al realizar un determinado esfuerzo y llevado más allá de un cierto punto, se puede ocasionar que la estructura ósea o el sistema muscular se destruyan o el sistema cardiovascular se paralice.

Sin embargo, el avance galopante de la ciencia conduce

a preguntarse si, acaso en una o dos décadas, la ingeniería genética será capaz de romper las barreras existentes y crear al superhombre. Recordemos que la era de la clonación ya comenzó y, justamente cincuenta años después de que Francis Crick descubrió el ADN, ahora se conoce el 99.9% del mapa del genoma humano. Hoy día es normal hablar de bebés de probeta, bancos de esperma, cerebros artificiales, calvos con nuevo pelo y robots humanos. ¡Tal vez todo podría derivar en encontrar un nuevo Frankenstein, lo cual resultaría espeluznante!

Pensemos que los récords que antes parecían insuperables de atletas campeonísimos como Sergey Bubka, Michael Johnson o Marion Jones, han quedado atrás. Esto traerá como consecuencia que las autoridades deportivas piensen en aumentar la dificultad de las competencias en cada disciplina o deporte. Por ejemplo, se habla de aumentar el tamaño y peso de la pelota de tenis a fin de dificultar el servicio, pues se ha visto que éste ha sido dominado al 100 por ciento por no pocos tenistas, o aumentar la altura de la canasta, pues, primero por las acrobacias de Michael Jordan y luego por el hecho de que cada día hay más basquetbolistas con mayor estatura, cada vez es menos difícil el enceste y se ejecutan saltos con mayor facilidad, aunque en sí más espectaculares. En todo este contexto habrá que tomar en cuenta en cada situación específica el tema del dopaje que ha ensombrecido la imagen y prestigio de más de uno.

El romper una marca resulta obsesionante y fascinante a la vez. Es como romper un paradigma. Pero si pensamos en la ya próxima perfección del cuerpo humano, resulta válido suponer que una generación futura podría heredar en forma masiva lo que ahora es atributo de unos pocos y ocasionaría que el rompimiento de marcas sea cosa del pasado. Las preguntas a su vez despiertan nuevas e inquietantes dudas.

La biogenética, la bioética y la bioquímica deportiva han entrado en un renovado progreso. La fulgurante investigación provocará una evolución en una especie de espiral ascendente que bien podría derivar en el llamado deporte-laboratorio, lo cual repercutirá en todos los que lo practicamos.

Científicos de todo el mundo experimentan con jóvenes fuertes a quienes les examinan las características del tejido muscular, la conformación corporal y los mecanismos fisiológicos, principalmente en los atletas que convierten el alimento en energía de forma más eficaz. Los torneos se han convertido en verdaderos laboratorios; a su vez, los conocimientos de la ciencia y medicina del deporte han ayudado a los atletas a ser lo que hoy son, pues los laboratorios los han retroalimentado con información acerca del futuro muscular y sus propiedades.

Se ha descubierto, por ejemplo, que algunas fibras musculares se contraen instantáneamente y con gran fuerza, pero se fatigan rápidamente; estos músculos son los que predominan en los velocistas. En contraposición, hay fibras de torsión lenta que no generan tanta fuerza instantánea, pero mantienen su contracción durante mucho tiempo antes de agotarse; son las que predominan en los atletas en pruebas de resistencia. Una biopsia demostraría el tipo de músculos que uno tiene.

La ciencia demuestra que genéticamente el ser humano ha evolucionado favorablemente en el último siglo. Por ejemplo, el promedio de años de vida ha ido aumentando y lo que en un principio era una cifra menor a cincuenta años, actualmente el promedio supera los setenta, con sus variantes o ajustes según el país o raza. En esta estadística, el factor socio-económico juega un papel importante y, por supuesto, va ligado también con la cultura y conocimientos. El ciudadano de la calle ahora parece poco conforme con la idea de la muerte, por lo que deposita todas sus esperanzas en la ingeniería genética, la tecnología médica y la bioquímica.

No es casualidad que los mejores atletas, entre ellos Michael Jordan, Lebron James y Serena Williams, sean en su inmensa mayoría de raza negra o afroamericana, lo que demuestra su superioridad genética. Lo cierto es que esto siempre ha sido y será motivo de estudio.

La evolución de los atletas hará que su conformación corporal se adapte al deporte que practiquen. Por ejemplo, el basquetbolista ideal será de tórax y espalda ancha para soportar la gran masa muscular y resistir el juego físico; tendrá las manos grandes para manejar con facilidad el balón, una estatura del orden de los dos metros, cintura estrecha y piernas delgadas. El nadador ideal deberá poseer características similares, lo cual no es casual, o sea, caderas estrechas para facilitar su desplazamiento, manos grandes para arrastrar la mayor cantidad de agua y espaldas anchas a fin de que sostengan una enorme masa muscular.

Aliméntese para ganar

Hacer de una buena dieta un *hábito* de conducta nos transforma en individuos saludables y *ganadores.* El término dieta debe entenderse como sinónimo de una correcta nutrición y no en el sentido convencional y equivocado del vocablo, equivalente a un esfuerzo temporal para bajar de peso.

A pesar de que durante estas dos últimas décadas la gente ha estado más interesada y preocupada por atender debidamente su alimentación como nunca antes lo hizo, hemos alcanzado un vergonzoso primer lugar en obesidad, convirtiéndose en un gravísimo problema de salud, tema que hasta ahora parece que las autoridades se han decidido a atender, aunque en forma incorrecta pues las campañas no serán efectivas si primero no se concientiza a la población.

De cualquier manera, la cultura nutricional ha tomado una importancia relevante. Ahora la gente cuida más su cuerpo y está consciente de que salud y bienestar van de la mano, además de otros beneficios como tener un mejor aspecto personal, una mayor longevidad, una existencia más plena, una mejora en la economía por la ausencia de enfermedades y otras más; en esencia, el objetivo es lograr una mejor calidad de vida.

"Cualquier codependencia o condicionamiento extremo es un atentado a nuestra libertad."

La clave está en no obsesionarse y dejarse esclavizar o caer en patologías como la bulimia y la anorexia.

La imagen antigua del ejecutivo con un cuerpo descuidado y un abdomen prominente ha sido, por fortuna, sustituida por la de un cuerpo bien formado y hasta atlético y con el abdomen plano. Hoy día, el ejecutivo tiene plena conciencia de la importancia del ejercicio y de la correcta alimentación.

El almuerzo típico de Michael Jordan, ingerido cinco horas antes de un juego, consistía en un filete de 23 onzas, cáscaras de papa, una jarra de jugo de naranja, agua y una ensalada.

Los jugadores profesionales cuando salen de gira con su equipo comen fuera de casa, su organismo lo resiente y el riesgo de enfermarse aumenta notoriamente. Por eso muchos equipos viajan con cocinero propio.

"El hombre de éxito debe saber alimentarse con inteligencia y verlo como un placer y una aventura."

Tengamos presente la importancia de ingerir un copioso desayuno, así como una cena sustanciosa pero ligera; el pescado y los huevos (con cierta reserva) son una fuente de proteínas; los alimentos completos, como los cereales y leguminosas, tienen una gran riqueza en fibra y micronutrientes. Beber diariamente treinta mililitros de agua por cada kilogramo de peso corporal es más que una regla de oro; tomar una copa de vino en la comida es deseable, pues tiene efectos antioxidantes y euforizantes.

Las frutas y verduras deben ser parte obligada de la

dieta diaria; el consumo de calcio debe ser de un poco menos de un gramo diario a fin de evitar padecimientos como la osteoporosis.

¿Duerme usted bien o es amigo del insomnio? Recuerde que el dormir bien equivale a la vida misma y puede considerarse como otro "alimento" esencial. Sin embargo, conozco demasiadas personas que se comportan en el día como sonámbulas, entre otras cosas, porque desconocen cuántas horas necesitan dormir a fin de restablecer sus energías y tener una buena jornada al día siguiente, aunque, en última instancia, no importa tanto la cantidad sino la calidad del sueño. También tenga presente que una persona activa, aunque en apariencia necesita más descanso, requiere de menos horas de sueño.

Como casi la mitad de los niños tienen malos hábitos alimenticios, los cuidados y el cariño de la madre con sus pequeños es fundamental para la salud del futuro adulto. Esto sí es un verdadero problema de "peso" y un asunto de salud pública que debe ser atendido por los diferentes sectores de la sociedad. El chequeo anual preventivo, acompañado de los exámenes de laboratorio, nos quitan un peso de encima, pues nos dan tranquilidad para poder dormir "a pierna suelta", lo cual se traduce a su vez en una vida feliz y longeva.

≈ ≈ ≈ ≈

9

LA EXCELENCIA A SU ALCANCE

La excelencia como norma

La perfección es casi imposible de
conseguir. Es mejor aproximarse a ella
y en el trayecto lograr la excelencia.

J. A. Razo

El miedo a aprender

LOS CONOCIMIENTOS SON LA MEJOR ARMA DEL HOMBRE moderno. Forman parte esencial del patrimonio de toda persona. Los conocimientos son poder, no cabe la menor duda. Sin embargo, no nos gusta aprender por el esfuerzo que implica hacerlo. Aprender nos causa miedo o, en el mejor de los casos, inquietud o apatía. Pero estas actitudes no se justifican. Hay que revertir esta sensación y convertirlo en algo placentero.

El primer paso es "tomar conciencia" de lo que se desconoce y su importancia en aprenderlo. Por desgracia, y hay que decirlo, hay gente que desconoce que no sabe. ¿A cuánta gente le interesa aprender? Para muchos su vida se reduce a divertirse y a trabajar por necesidad. Sin embargo, el hombre con mejor futuro (y presente) es el que aprende a aprender

**"Cuando uno se concientiza y sabe que no sabe,
ya tiene la mitad del problema resuelto."**

La solución está en el acceso a la información y la divulgación del conocimiento, congregándolos en lugares precisos, y luego en el uso correcto del mismo conocimiento. Como el conocimiento es poder, hay que orientarlo bien. Lo dicho por Alvin Toffler es más que una opción: «Hay que educar desde la infancia». Yo afirmo que, además de la educación escolar se debe considerar la formación familiar, el entorno, la mentalidad del infante y el aspecto genético. Como se ve no está fácil, pero hay que hacerlo.

Hay campos en los que más vale prepararse, pues son indispensables para vivir bien hoy día. La política, la ecología, el idioma propio y uno o más extranjeros, la contabilidad y las finanzas, las matemáticas, la psicología, la computación y las tecnologías de la información, son herramientas con las que, si nos capacitamos, evitaremos que el mundo nos rebase. Éstas últimas llamadas TI o TIC las anoté, a propósito, al final, pues, hoy por hoy, son la prioridad número uno. Si de conocimientos se trata, la computación es tema obligado y su aprendizaje nunca será suficiente pues su avance propio es galopante; pero, habrá que evitar caer en la adicción, pues el Internet y los *gadgets* o dispositivos han revolucionado y hasta enloquecido al mundo, por lo que se ha vuelto un arma de doble filo. La informática es un mundo aparte que debemos integrar con cuidado en nuestra vida a fin de no verla de lejos, pero tampoco obsesionarse por ella.

Los jóvenes deben convencerse de la necesidad de prepararse bien. Los campus universitarios son una opción, pero los conocimientos adquiridos en la escuela no son suficientes; son básicos pero limitados. Una vez fuera de las aulas, la clave está en adoptar una actitud de aprendizaje continuo a fin de mantenerse actualizado. Esta actitud debe convertirse en un *hábito*. Los conocimientos, unidos a la práctica continua y a una actitud positiva consciente, APC, nos transformarán en *ganadores*.

El que sabe más, vale más, siempre y cuando ponga en práctica esos conocimientos:

"Uno vale no tanto por lo que sabe, sino por lo que hace con lo que sabe."

En contraposición, diré que uno no tiene que saberlo todo. El pretender abarcar demasiado es un error. Es mejor ser experto en algo que convertirse en un "mil usos", pues sabemos que un experto es alguien que sabe cada vez más cosas de menos cosas. Sin embargo, si usted domina varias disciplinas y se vuelve polifuncional, tendrá mejores opciones de progreso. Hay casos de mentes brillantes cuyo espectro de conocimientos es amplísimo. Pensemos en Isaac

Asimov, Winston Churchill o Alfonso Reyes, todos con un grado de cultura excepcional.

Recordemos que los conocimientos se adquieren en el plazo que uno se imponga; si ampliamos nuestros conocimientos y nos mantenemos actualizados, aumentaremos nuestras expectativas y continuaremos siendo competitivos. Aprender es como mantener afilada el hacha para poder cortar los troncos con eficacia; justo lo contrario al leñador del cuento que trabajaba doble turno tratando de cortar los troncos con su hacha mellada. Cuando se le preguntaba por qué no afilaba el hacha, contestaba: «Tengo mucho trabajo, no tengo tiempo de detenerme a afilarla».

La ignorancia es una desdicha voluntaria a la cual habrá que vencer. En nuestro país resulta mucho más cara que la propia ciencia. Si algo me atrevo a pedir es que regalen un libro y promuevan la lectura. Hay que regalarse la dicha de ser lectores. Como en nuestro país se lee en forma incipiente, los conocimientos terminan trasmitiéndose de boca en boca, ocasionando lagunas y deformaciones en el proceso. La realidad, a veces es ingrata, pues recordemos el caso de aquella campaña para promover la lectura, que se realizó en España utilizando un mono como anunciante. La campaña fracasó, pero, en cambio, la popularidad de los monos aumentó.

Leer con sentido crítico es la norma. El mejor camino para aprender es la lectura. Nos hace acercarnos a conocer la verdad, esa que buscaba Diógenes alumbrándose con un farol en pleno día. Este razonamiento está, además, avalado desde hace siglos por Merlín, "el mago", según la adaptación de este texto de T. H. White:

Aprender...

"Lo mejor cuando se está triste —contestó Merlín, empezando a soplar y resoplar— es aprender. Es lo único que nunca falla. Puedes hacerte viejo y tembloroso, puedes pasarte toda la noche desvelado escuchando el desorden de tu cuerpo, puedes perder tu único amor, puedes ver el mundo que te rodea devastado por malvados lunáticos, o saber que tu honor está enfangado en las sentinas de las mentes ruines. Sólo hay una salida en ese caso: aprender, aprender por qué se mueve el mundo y qué lo mueve.

Eso es lo único que el pensamiento no puede nunca agotar ni enajenar, lo que nunca le torturará, lo que nunca temerá, lo que nunca le causará desconfianza, lo que ni en sueños podrá lamentar; eso es lo más conveniente: aprender.

Considera todas las cosas que puedes aprender: ciencia pura, la única pureza que existe; puedes aprender astronomía en una vida, historia natural en tres, literatura en seis; y puedes, luego de haber agotado un millón de vidas en la biología, en la medicina, la teosofía, la geografía, la historia y la economía, puedes, en fin, empezar a construir una carreta con la madera adecuada, o pasar cincuenta años iniciando el aprendizaje de la técnica de derrotar en esgrima al adversario.

Después, puedes empezar de nuevo con las matemáticas, hasta que llegue el momento en que aprendas a arar".

Hasta leer buenas novelas nos beneficia, pues nos desarrolla la imaginación y se incrementa nuestro léxico y nuestra cultura. Pero hay que ser selectivo.

No olvidemos, pues, que para crecer y evolucionar como individuos tenemos que aprender y descubrir que todo en la vida tiene un porqué. Aprender nos infunde confianza y nos hace comprender que nada es casual, ni siquiera el nacimiento, mucho menos la muerte.

Lo básico, el "ABC" de la profesión

Tan importante es actualizar nuestros conocimientos como dominar los fundamentos, lo básico. Esta es una regla universal para ser ganadores en la vida, aunque con frecuencia la pasamos por alto. En cualquier ocupación hay que dominar lo básico, el "ABC", es decir, los principios elementales sobre los cuales se fundamenta cada disciplina. El desconocimiento de este principio no justifica su incumplimiento; otros, con pleno conocimiento del mismo, lo ven como algo ajeno a su mundo.

"Si usted aspira a ser ganador, tiene que dominar lo básico, los fundamentos, el ABC."

Si usted es ingeniero, deberá dominar los fundamentos de la profesión, o sea, los conocimientos básicos de matemáticas y física. Sin embargo, hay ingenieros que no saben hacer una regla de tres, resolver ecuaciones de primer grado, calcular porcentajes, factorizar o calcular promedios; se les olvidó razonar una fórmula, simplificar una expresión, "jugar" con los decimales, hacer conversiones de unidades y dominar las leyes elementales de la física. Es desalentador enterarse que hay egresados que coinciden con este "perfil" y que sólo en forma empírica usan algunas tablas de datos, olvidándose de pensar y razonar como facultad suprema. Todo esto sin tomar en cuenta lo ya dicho acerca de mantenernos actualizados mediante un proceso de autoaprendizaje, el cual incluye el manejo de los programas de cómputo necesarios. A muchos profesionistas mayores de 50 o los adultos mayores que no saben usar una "lap top" no les preocupa su incompetencia.

Si no se dominan los fundamentos no se puede aspirar a ganar. Si usted quiere ser el mejor carpintero, cocinero, alpinista, torero o agrónomo, deberá dominar los principios básicos, pues de otro modo se perderá en la medianía de los resultados, es decir, en la mediocridad.

Muchos ven con indiferencia esta regla y buscan resultados a corto plazo, casi inmediatos, por lo que deciden saltarse cuantos peldaños de la escalera pueden, en vez de seguir un proceso lógico. Tarde o temprano —a veces demasiado tarde—, la realidad se hace presente y los obliga a entender y aceptar que hay que comenzar por el principio y prepararse bien.

Los testimonios de gente exitosa ratifican que los logros dependen de cómo se asimilen y se apliquen los fundamentos adaptándolos a nuestras habilidades personales. Las cuestiones básicas son cruciales a fin de poder ser competitivos. En cuanto uno se aleja de lo básico, los cimientos se debilitan y, al final, termina derrumbándose la estructura.

En el terreno deportivo, el principio de lo básico se aplica en toda su extensión, pues el individuo debe dominar los fundamentos de su deporte si aspira a alcanzar la excelencia o ganar un campeonato. Michael Jordan señala la importancia de saber dominar la conducción del balón, porque piensa que en los juegos se suele no manejarlo en forma adecuada. También es necesario desarrollar buenas técnicas de tiro, porque la capacidad anotadora de todo jugador debe ser parte de su desempeño básico. Dice: «Usted puede practicar muchas horas el tiro al aro, pero si su técnica es errónea se convertirá en un jugador que es bueno para tirar mal».

Jordan continúa diciendo: «Yo tuve la suerte de que mi *coach*, Dean Smith, en la Universidad de North Carolina, me enseñara la importancia de lo básico y cómo aplicarlo a mi capacidad individual; hizo de mí un jugador completo». Otro ejemplo es Larry Bird quien logró dominar lo básico y se convirtió en un jugador extraordinario, al grado de poder superar cualquier limitación técnica.

Si extrapolamos el principio de los fundamentos, los podremos aplicar, por igual, a los valores y virtudes como la ética, la responsabilidad, el profesionalismo, la honestidad y la integridad, entre otros, a fin de poder avanzar y lograr nuestros objetivos.

Los principios que controlan la vida, la naturaleza y el universo son principios simples. La ciencia, la tecnología y hasta el arte, están sujetos a lo básico, al "ABC" de las cosas, pues al final de cuentas las cuestiones básicas no cambian.

"De modo que, regrese a lo básico y pronto elevará su nivel en todo lo que haga."

Tome en cuenta que para que usted pueda enseñar o trasmitir algo, debe dominar los fundamentos. Si fuera necesario se debe regresar a la esencia misma de las cosas. Ya lo dijo B. Gracián: «Saber, y saberlo demostrar, es saber dos veces». Una vez que usted domine los fundamentos podrá pasar a los siguientes niveles de conocimientos, y, con el tiempo, adquirirá la experiencia y la sabiduría. Aldous Huxley decía: «Experiencia no es lo que le sucede al hombre sino lo que el hombre hace con lo que le sucede».

"La experiencia se adquiere con el paso del tiempo, y la sabiduría con la reflexión de los hechos."

La filosofía de los ganadores

Conocerse a sí mismo y tener un sentido autocrítico son dos reglas de oro para iniciar el ascenso al éxito. Este autoanálisis nos permite saber qué dones, virtudes, habilidades y actitudes poseemos y cuáles nos hacen falta. El siguiente paso es ponerse en marcha a través de nuestra voluntad convertida en disciplina. Más tarde, los buenos hábitos, en su conjunto, se transformarán en nuestra forma y estilo de vida.

Los ganadores se ocupan de conocer sus puntos débiles; saben lo que hay que corregir y de inmediato se ponen a trabajar en ello. Todos tenemos fallas, pero hay que ser maduros para poder reconocerlas.

Los miedos o temores, las derrotas y el compromiso personal son tres factores que todo ganador debe conocer y superar. Veamos:

Vencer el temor.

El temor no se puede evitar, pero sí controlar. En la mayoría de las veces el temor es sólo fantasía y resulta injustificado, pues normalmente los temores nunca se hacen realidad.

Todos, cuando hemos estado en alguna situación crucial durante nuestra vida, no nos ponemos a pensar en las consecuencias, ni a reflexionar si lo hacemos o no; simplemente lo realizamos porque no tenemos otra alternativa y no dejamos que el temor se haga presente. La misma conducta se debe tener con el temor a hacer el ridículo, que está considerado como uno de los principales miedos del hombre contemporáneo. Para evitar el temor, evoque mentalmente un lugar que le resulte familiar; piense en lo que sabe hacer bien; eso le hará sentir confianza. Luego haga sólo lo necesario, eso que ha hecho un sinnúmero de veces. Eso es todo.

Como asesor en el adiestramiento mental, aspectos humanos y trabajo en grupo del cuerpo técnico de equipos de futbol profesional, me he visto precisado a elaborar un listado con los principales temores del futbolista. Después hay que trabajar intensamente para erradicarlos. La lista, contrario a lo que podría pensarse, alcanza una veintena de puntos.

Aceptar la derrota como parte del triunfo.

Nunca debemos darnos por vencidos. La derrota, cuando se presenta, debe servir para fortalecernos y poder enfrentar la siguiente prueba. Siempre hay que ver para adelante. Si nuestra psique está bien entrenada, un traspié nos hará aflorar el carácter.

Pensemos en la filosofía de Thomas A. Edison. Cuando fracasaba en algún experimento su carácter le hacía comentar: «Ahora sé una manera más de cómo no se llega a donde quiero y, por lo tanto, me acerco más a ese punto». Su tenacidad era uno de sus puntos fuertes.

**"La derrota nos obliga a practicar más y más;
fallar forma parte del camino hacia el éxito."**

Cuando fallamos en algo, la derrota sólo debe ser temporal, pues normalmente podremos mejorar para la siguiente ocasión. La derrota, bien entendida, se refiere a que uno la acepte, pero sin darse por vencido. De aquí se deriva la célebre frase de Hemingway: "El hombre puede ser derrotado, pero jamás vencido". Éste es el aprendizaje o moraleja del tema.

Comprometerse con uno mismo.

Cumplir nuestros compromisos nos lleva a transitar por senderos nada fáciles. Debemos aprender a no hacer las cosas a medias. Cada etapa de nuestra vida está determinada por el compromiso con nuestras propias metas. Si queremos ganar, más vale adoptar una conducta responsable en cada una de esas etapas, pues sólo así avanzaremos.

**"Uno tiene dos caminos: fácil, pero sin principios,
o difícil, pero con satisfacciones; uno elige."**

Muchos suelen abordar sus asuntos como si estuvieran realmente comprometidos, pero al momento de la verdad buscan excusas en vez de respuestas. Se olvidan que deben ser parte de la solución y no del problema.

**"Cuando se tope con un muro, para superarlo
trate de escalarlo, romperlo o rodearlo."**

Mi teoría del éxito verdadero me lleva a compararlo con el trabajo de un equilibrista. Me refiero a una de esas personas que mantienen girando sobre diferentes partes de su cuerpo una gran cantidad de pelotas. Me gusta esta analogía porque, como ya lo dije desde las primeras páginas, la vida se puede comparar a un juego en donde se debe saber manejar el balón. En nuestro caso, el equilibrista debe mantenerse activo con las pelotas en movimiento continuo. Cada pelota simboliza un don, una aptitud o una habilidad. Si usted practica este juego, verá que hay unas pelotas que puede mantener fácilmente en movimiento, mientras que otras le cuestan más trabajo mantenerlas en equilibrio dinámico. Las primeras representan sus virtudes naturales o aptitudes que tiene ya bien desarrolladas y las otras son aquellas virtudes o habilidades con las que usted no se identifica o no ha querido desarrollar.

¿Practico la ética?, ¿soy puntual?, ¿sé relacionarme con facilidad?, ¿me sé expresar bien?, ¿tengo el hábito del ahorro?, ¿mantengo aseado mi calzado?, ¿me estaciono en doble fila o en lugares para discapacitados?, ¿leo en forma habitual?... y así sucesivamente. Cada quien puede hacer una lista tan larga como desee y quiera mejorar.

Las preguntas son: ¿qué aptitudes y habilidades poseo? y ¿cuáles me hacen falta? Todo referido a los valores y principios gobernados por los *hábitos*.

Dentro de todo este universo de valores y virtudes sobresalen, como ya lo expliqué, la voluntad y la determinación. Estas dos virtudes permiten que nuestros sueños y deseos se pongan en marcha.

Motivación consciente y voluntad van de la mano, pues por muchos dones o aptitudes que usted posea, si no los practica, no logrará ser *ganador*. Y por favor no piense en que las cosas sean difíciles de hacer, pues precisamente las cosas se vuelven difíciles porque no nos atrevemos a hacerlas. La fe en Dios nos hace creer y pensar que cuando se cierra una puerta se abre una ventana, pero tenemos que hacer nuestra parte.

Lo último que uno puede permitirse es estar inactivo, quieto. Aun en circunstancias difíciles o anormales, la mejor terapia es la ocupacional. El trabajo es lo que nos dignifica y nos hace crecer. No nos intimidemos, pues la duda y la amenaza matan más que el hecho mismo, que la misma acción.

Los *ganadores* tienen la virtud de saber escuchar, poseen una receptividad especial aun cuando la crítica sea agria, pues no se toman las cosas en forma personal y hacen caso del proverbio oriental que nos dice: "No creas todo lo que oyes".

Los *ganadores* saben para qué es el dinero. Tienen una capacidad especial para administrarlo y son capaces de poseerlo sin gastarlo.

Los *ganadores* son personas que están en otro nivel, son grandes entre los grandes y saben cómo actuar en los momentos críticos.

Hay que ganarnos día a día la titularidad en lo que hagamos y no olvidemos que la sonrisa es algo característico en todos los triunfadores.

La excelencia a su alcance

Dentro del éxito verdadero, uno debe aspirar a conseguir la perfección. Sin embargo, aunque no la alcancemos, es en el camino a la perfección donde encontramos la excelencia y la excelsitud.

Respecto a la excelencia, hoy día se ha caído en el uso y abuso del concepto desgastándolo y convirtiéndolo en un mero *esnobismo*, pero a pesar de ello debemos integrar la excelencia en nuestra vida. Lograr la "E" de la excelencia equivale a ser el mejor o alcanzar un nivel de sobresaliente en nuestra tarea o actividad.

Alcanzar el grado de excelencia nos hace trascender, dejar huella, volvernos un arquetipo o ser considerados como un modelo. Debido al éxito de *In search excellence* de Tom Peters, muchos creen que la excelencia es un concepto moderno, pero, en realidad, es tan antiguo como el hombre mismo. Excelencia y perfección van de la mano.

"La perfección no existe, pero la excelencia se consigue en el camino hacia la perfección."

Aristóteles decía: «Somos lo que hacemos día a día. De modo que la excelencia no es un acto, sino un hábito».

Ana Gabriela Guevara, ya retirada, después de aquel triunfo sobre Cathy Freeman, en el *Grand Prix* en el estadio de C.U., declaró: «No hay tiempo para festejos, debo trabajar». En efecto, el concepto de descanso tiene una connotación diferente en todos los ganadores. Ana puso de moda la "Ana señal", como signo victorioso. Es lamentable que su imagen se haya desplomado ahora que ha incursionado en la política.

Lee Iacocca, el creador del Mustang, narra en su libro *Autobiografía*: «Cuando vi que en el cristal de una panadería se leía: "Nuestro pan se vende como mustangs", comprendí que había logrado el triunfo». Con el tiempo, se volvió un auto de colección.

Hablando de series de televisión: *Heidi, Plaza Sésamo* y *La Pantera Rosa*, entre otras, son ejemplos de excelencia. Con el tiempo se volvieron clásicas.

Charlton Heston, mientras filmaba *Ben Hur*, repitió casi un centenar de veces la escena de la carrera de caballos hasta que ésta quedó bien o, mejor dicho, excelente. Se volvió un superclásico del cine.

Allen Iverson, el ídolo del baloncesto, tenía como hábito realizar diariamente mil quinientos tiros al aro como parte de la práctica. ¡Cómo no iba a lograr la excelencia bajo este esquema de entrenamiento!

Miguel Ángel Buonarroti fue un elegido. Cuando estaba trabajando, ni el mismo Papa se atrevía a interrumpirlo. Su obra maestra, *El David*, es perfecta y sólo le falta hablar. Cuando estaba recostado sobre los altos andamios, pintando los frescos de la Capilla Sixtina, la gente le cuestionaba el por qué ponía tanto esmero en los detalles, si desde abajo nadie sabría si estaban bien. «Lo sabré yo», respondía.

Yo creo que la perfección es un estado casi imposible de lograr. Sólo los superdotados y los genios la pueden "tocar", pocas veces y por instantes.

En cualquier proyecto, es común que dar el primer paso sea lo más difícil, ¡pero hay que darlo! Una vez que ya hizo algo, lo podrá corregir y mejorar, antes no, por la sencilla razón, convertida en principio, de que "no se puede corregir la nada".

"No se puede mejorar la nada. Primero hay que hacer las cosas y luego mejorarlas."

Este principio lo aplicaba con los ingenieros de proyectos de mis empresas cuando se le dificultaba elaborar un plano, partiendo sólo de una hoja en blanco y una serie de datos. Le decía: «Haz un plano preliminar como puedas, luego lo podrás corregir y mejorar». En algún modo este principio sigue vigente en esta época de diseño y dibujo con computadora.

≈ ≈ ≈ ≈

10

EL TALENTO INNOVADOR

Los tres pilares de la creatividad

La creatividad y la capacidad de
innovación son ya las cualidades
mejor apreciadas en este siglo.

J. A. Razo

El perfil de los genios

AUNQUE, POTENCIALMENTE, SOMOS SERES CON GRANDES facultades intelectuales, muy pocos logramos convertirnos en genios. Los genios son seres excepcionales que debemos ver con respeto y admiración.

De igual manera, no obstante que se piensa que el genio es la manifestación de la creatividad elevada a su máxima expresión, si escudriñamos en su vida encontraremos que no es sólo el rasgo de la creatividad lo que los vuelve únicos, sino que es un conjunto de cualidades distintivas que se manifiestan en cada uno de diferente manera.

Los dones y virtudes de que se valen los genios forman una larga lista, pero aquí me limitaré a señalar sólo unos cuantos, como si fueran palabras mágicas que cada genio deberá identificar:

"Creatividad, inspiración, concentración, revelación, reto, lucha, chispa, enfoque, trascendencia, espíritu, fe, determinación, disciplina, energía, filosofía de vida, armonía, humildad y ética, entre otros."

Sin embargo, la mayoría de los genios han declarado que su obra es más producto de su trabajo y sudor, que de su inspiración. La teoría más aceptada describe el perfil del genio como el resultado de la transpiración, más que producto de un chispazo del cerebro. Es el esfuerzo continuo transformado en sudor. El genio e inventor por excelencia es Thomas A. Edison, quien coincidía con la anterior afirmación y agregaba: «El genio es equivalente a una larga paciencia».

Los deportistas de excelencia también sostienen que ser genio significa sudor. Todo comienza, coinciden, con el trabajo arduo. Según este criterio, no existe ninguna fórmula ni píldora mágica o algo parecido. Tampoco existe gracia ni virtuosismo sin esfuerzo previo. En estos niveles, el talento del atleta se da por sentado. Es el talento, pero principalmente la disciplina y el entrenamiento a tope lo que hacen la diferencia.

A los genios les gusta la soledad porque es allí donde

se concentran, se divierten con su quehacer, encuentran una enorme fortaleza que los inspira y les rinde frutos. En muchos de ellos es equivalente a una auténtica terapia. La gran prerrogativa es que están dedicados en cuerpo y alma a lo que más les gusta, al contrario de la mayoría de los mortales, que encuentran en la soledad y en la disciplina sólo monotonía y aburrimiento.

Los genios poseen la *sui generis* característica de ser normalmente carismáticos. Esa aureola, ese ángel o esa simpatía son dones, regalos que Dios les dio al nacer.

Los genios son personas automotivadas, superdotados y con un alto coeficiente intelectual. Esto les hace poseer una mente inquisitiva, analítica y con un elevado poder de observación.

Los genios revelan su esencia a cada momento, son rompedores de estereotipos, innovadores, impulsores de cambios, revolucionarios, seres que no sólo son capaces de predecir el futuro sino también de crearlo, para bien de la sociedad. Para alcanzar la excelsitud del genio hay que recurrir al método oriental conocido como las tres "íes":

"Todo proceso creativo y genial incluye:
1. Imitación, 2. Innovación y 3. Invención."

Los genios, por su aspecto distraído, suelen ser incomprendidos, principalmente porque su mente se ubica en otros planos y hacen que la sociedad, confundida, los llegue, incluso, a subestimar. A algunos se les pretende calificar de autistas o "nerds" en un contexto peyorativo.

La palabra mágica, en forma de pregunta, con la que

toda mente creativa debe vivir, sería: "¿Por qué?". Sin duda es el recurso más valioso de los filósofos, científicos y genios. Otra forma de expresarlo sería como lo dijo el Premio Nobel José Saramago: «Hay que vivir en la duda».

Los secretos de los genios ganadores

El campo de los genios es tan diverso como el mismo quehacer humano y, aunque no se dan en racimo, se pueden llenar muchas páginas de oro con sus nombres: Marie Curie, Sigmund Freud, Isaac Newton, Charles Darwin, Ingmar Bergman, Albert Einstein y el ya citado Thomas A. Edison, encarnan a la perfección el perfil con las características del genio.

Aunque muchos creen que el campo de los genios está reservado a la ciencia, los encontramos en todas las ramas del arte, dentro de la política, el deporte y el mundo empresarial. Baste mencionar a Napoleón Bonaparte, Leonardo da Vinci, William Shakespeare y Pablo Picasso. Henry Ford fue un genio; existe el mito de que inventó el automóvil, pero lo que inventó fue su producción en serie. Otros como Walt Disney, Lee A. Iacocca, Stephen Hawking y Steve Jobs, ya fallecidos, entran en este privilegiado reconocimiento, como genios del siglo XX.

Bill Gates encabeza la lista de los genios de la era digital de este siglo XXI, seguido por Jeff Bezos, Elon Musk, Richard Branson y Mark Zuckerberg.

En mi libro de mi teoría y método MMC dedico un capítulo a este tema y planteo una explicación acerca de su alto desempeño. De algún modo todos podemos aprender este método y luego desarrollar sus aplicaciones. Olvidar lo superfluo y concentrarse en lo que se hace es un factor clave para lograr el éxito en todos los roles de la vida. Hay que separar de nuestra mente los problemas que llevamos como un pesado lastre y aplicarnos a nuestra tarea.

Dentro del ámbito deportivo, el atleta genial, una vez que se ha preparado como si en ello le fuera la vida, deberá estar atento al chispazo, al momento clave donde aparecerá la improvisación y la creatividad.

Pocos, poquísimos genios, convertidos en ídolos, ha habido en el deporte. Sólo Michael Jordan y Pelé, y posiblemente Babe Ruth, Muhammad Ali, Tiger Woods, Roger Federer y nadie más. Grandes como Juan M. Fangio, Joe Montana, Rocky Marciano, Hugo Sánchez, Diego Maradona, Alfredo Di Stéfano, Barry Bonds y Carl Lewis, entre otros, se quedarían en el siguiente nivel.

Es indudable que el sabor de la victoria puede volverse incontrolable y producir adicción. Hay que evitar llegar a esos extremos, pues en ningún caso se justifica que dejemos de tener voluntad propia. En el super deportista, tan importante es que se manifieste su genio creativo como que domine sus impulsos de gloria. En cualquier circunstancia hay que saber hacia dónde se va y qué se quiere. Escribirlo con letras grandes y mantenerlo frente a nosotros hasta que entre por nuestra piel, nuestro corazón y nuestra mente. Se ha estudiado a los atletas superdotados, para tratar de encontrar qué hay de común en ellos. El siguiente texto resume los seis factores clave que los convierten en grandes, invencibles y dominantes, verdaderos gigantes.

Perfil de los genios y campeones del deporte

Trabajan duro

El entrenamiento intenso debe convertirse en el mejor de los hábitos. El genio es 99% sudor. No existe una píldora mágica ni algo parecido. El talento se da por hecho, pero hay que trabajar más que los demás. La preparación ardua siempre rinde sus mayores frutos en los momentos críticos, cuando el nerviosismo podría estropear la más simple de las jugadas. Son también genios de la sencillez y asombrosamente creativos. Se ha encontrado que los atletas de menor nivel tienen menos tolerancia a las prácticas. No es cuestión de cansancio sino de aburrimiento.

Saben enfocarse

Los campeones saben concentrarse y enfocar toda su energía al máximo, en especial en los momentos claves donde hay que echarse a cuestas la responsabilidad. La cabeza fría y la mirada fija en la meta u objetivo. Evitan todo aquello que los perturba. En los deportes de alto riesgo, como el alpinismo, las carreras de autos o los deportes extremos, la concentración y el control de la mente son tan esenciales que un descuido podría resultar fatal.

Producen nerviosismo en el rival

Es equivalente a la guerra psicológica, producto de una imagen ya creada. Los grandes tienen una capacidad sorprendente para mantenerse fríos. Entre más importante es el juego, más tranquilos parecen estar. Los grandes hacen que sus rivales sientan mariposas en el estómago, lo cual lo aprovechan a su favor. Cuando se está nervioso, tarde o temprano uno se apresura y comete algún error. Desde un ángulo sicológico, los campeones socavan la confianza de cualquier rival. Basta ver cómo sus rostros van perdiendo la concentración y, quedándose atónitos, se dedican más a admirar su juego que a concentrarse en el suyo.

Intimidan a sus contrarios

Además de ser dominantes, intimidan al contrario; aprovechan cualquier elemento para hacerlo; el recurso verbal es uno de tantos, pero su talento propio los hace usar un lenguaje inteligente, irónico, lleno de talento, pero no vulgar. El auto, los lentes, el color del suéter o el traje de 5,000 dólares, todo forma un entorno intimidatorio. Esta táctica crea la sensación de que los dioses están en contra del oponente, haciéndole sentir la derrota como inevitable. Llega el momento en que el oponente está derrotado y sólo piensa en el momento en que le van a anotar.

Poseen un firme deseo de trascender.

Vivir para trascender y pasar a la historia es un anhelo que mueve e impulsa a los grandes campeones. Hay que ganar juegos importantes, esos que visten, a fin de ser un real dominador. También, los torneos importantes, los de trascendencia. Los campeones celestiales buscan ese momento de gloria, quieren ganar un gran título o un gran campeonato en equipo. Es una actitud innata para lograr ser parte de la leyenda. Se forman imágenes de triunfo en su mente. Visualizarse como triunfadores hace que se mentalicen adecuadamente, pues según lo explican, es así de simple. Poseen una confianza tan elevada que logran siempre poner la suerte de su lado y salirse con la suya.

Nunca se sienten satisfechos

Siempre están dispuestos a mejorar, a fin de "hacer morder el polvo" al rival. En ese sentido son humildes y jamás humillan sin razón a su oponente. Su mente está enfocada a mejorar día a día. Los campeones jamás se olvidan del gimnasio para fortalecer su estado físico y mental. Según su percepción, afirman que de lo que se trata es de ganar, no de cómo se juega.

J. A. Razo ©

Felipe *Tibio* Muñoz es un caso único en el deporte mexicano, pues veinticinco años después de haber ganado en natación el oro olímpico, reveló que, para lograr un altísimo grado de concentración, aplicó la llamada "técnica del tiburón". Esto le permitió lograr el triunfo. El principio básico de esta técnica consiste en enfocar la mente imaginando que un enorme escualo viene tras de nosotros, queriendo devorarnos. Ése fue su secreto.

El dominio de otras técnicas de concentración, como las usadas por los tenistas durante los lapsos entre tantos y que, a la vez, hace que se recuperen del estrés del tanto anterior, es lo que les permite ganar partidos y convertirse en jugadores de primer nivel. La mirada fija en la raqueta y el ritmo en la respiración, sustrayendo su mente de cualquier distracción, ha demostrado su eficacia.

Muchos jugadores de la NBA han aprendido a concentrarse antes de iniciar los partidos. Este estado, convertido en todo un ritual, se logra cerrando los ojos y balanceándose suavemente mientras se realizan las presentaciones previas al partido.

"Un suave balanceo con los ojos cerrados da una buena concentración antes de iniciar el partido."

La concentración nos permite conservar la mente enfocada en una tarea, ya sea física o intelectual. Al enfocarnos en una sola tarea optimizamos nuestro tiempo y nos volvemos altamente productivos. Lo recomendable es realizar una sola cosa a la vez. Es válido realizar dos o más actividades al mismo tiempo, siempre y cuando se hagan bien.

Napoleón Bonaparte es el arquetipo de esta clase de mentes brillantes.

La concentración es, en resumen, un secreto de los ganadores, una habilidad clave que desarrollan. Frases como: "No me hables al tiro" o aquel comercial que decía: "Lo único que no puedes perder es la concentración", nos resultan familiares.

El talento innovador

No todos podemos ser genios. En cambio, sí podemos ser creativos. El hombre creativo será quien tendrá más éxito en un futuro cercano, tan cercano que ya nos alcanzó. La creatividad ya es una de las cualidades más reconocidas en un mundo cada vez más competitivo, donde hacen falta soluciones poco usuales y/o de alta calidad. Nuevas ideas para nuevos productos. El hombre creativo e innovador es y será de los mejores pagados en las empresas, la fuerza dominante del siglo XXI.

"La creatividad está determinando el éxito actual y futuro de las organizaciones."

Para la creatividad no hay edades ni límites. Cualquier persona puede ser creativa en función de las habilidades que desarrolle o en la medida en que se lo proponga. Uno debe usar los recursos cognoscitivos para poder crear escenarios futuros, en vez de depender del azar o de la inspiración divina. La creatividad, vista así, es algo que puede ser aprendida; la resolución creativa de problemas puede aprenderse y luego emplearla deliberadamente para lograr resultados útiles y prácticos.

Se pueden desarrollar los recursos o facultades mentales que se necesitan para crear resultados, tales como: la visualización, la comprensión, el reconocimiento, la agudeza. Se pueden aplicar las técnicas de meditación o las de reformulación. La síntesis creativa, la asociación y la lluvia de ideas, también son técnicas recomendables.

La imaginación convertida en creatividad desencadena un proceso que, bien canalizado, puede dar lugar a grandes realizaciones. La imaginación es la principal materia prima de la creatividad, pues es casi imposible crear algo sin haberlo imaginado y visualizado antes. La creatividad viene a ser un real reto para el pensamiento y la imaginación.

La estructura del proceso creativo según un modelo sugerido por el psicólogo J. Wallas es:

1. **Preparación. Reunión de información.**
2. **Incubación. Análisis del problema.**
3. **Iluminación. Visión general de la solución.**
4. **Verificación. Comprobación de la solución.**

El individuo con la mente educada y trasladado a un estado de tranquilidad, puede desarrollar todo su potencial y volverse altamente creativo.

El cerebro es un músculo que hay que ejercitar. Es similar al ejercicio físico que produce bienestar y que después de un tiempo resulta difícil prescindir de él. Si usted mantiene activo su cerebro, después ya no podrá dejar de pensar. Con la mente creativa las opciones se abren como un abanico. Ya sea el lado izquierdo o el lado creativo del cerebro, lo importante es ponerlo en marcha: imaginación, deseo, necesidad... y de pronto surge la creatividad.

La necesidad nos hace pensar. En efecto, la necesidad nos pone en un estado de alerta porque nos obliga a pensar, iniciando así el proceso creativo. Cualquier situación difícil de la cual no podemos zafarnos, despierta nuestra creatividad. "Los problemas son una ocasión disfrazada para convertir una crisis en oportunidad."

Ser creativo implica hacer cambios. De modo que mañana, cuando llegue a su oficina o a su lugar de trabajo, deberá preguntarse:

**"¿Qué debo cambiar aquí? El hombre
creativo cambia, mejora e innova."**

Pensadores creativos, verdaderos gurúes del conocimiento, como Alvin Toffler, son los que nos marcan las tendencias e inspiran a otros quienes desarrollan, a su vez, su propio caudal de ideas. La lectura despierta la imaginación y aumenta nuestras capacidades creadoras. Es el mejor entrenamiento intelectual que se conoce. Los sistemas y modelos educativos necesitan evolucionar para no ahogar el impulso creativo del alumno. El aprendizaje de memoria debe ser abolido, sustituyéndolo por el razonamiento.

Muestro al lector, a manera de sugerencia y ejercicio, diez formas de desarrollar la creatividad.

Cómo desarrollar el talento creativo

1. **Ser espontáneo.** Ser sincero y asertivo en la búsqueda de los propios ideales. Hacer caso de la intuición y el sexto sentido, sin importar si se invaden áreas desconocidas. Estar dispuesto a hacer cosas poco comunes y evitar caer en estereotipos y prejuicios. La espontaneidad resulta ser fundamental para fines creativos.

2. **Tener autoconfianza.** Creer en los sueños y en los ideales. La autoconfianza desencadena los poderes creativos, los cuales suelen estar desaprovechados. Creer, buscar y esperar es la fórmula para que la mente descubra nuevos horizontes y senderos.

3. **Ser disciplinado**. La grandeza de los resultados está en proporción del esfuerzo invertido. Las cosas valiosas suelen costar mucho trabajo. La perseverancia es indispensable para la creatividad. Insistir, persistir y ser pertinaz hasta que las ideas afloren.

4. **Saber disfrutar.** Desarrollar el sentido lúdico y juvenil que todos llevamos dentro. Ser inquieto, curioso, cuestionador y aventurero es más que una regla. El humor rompe la rutina y el tedio. Si disfrutamos lo que hacemos, la creatividad y la excelencia serán una consecuencia. La ociosidad y la diversión deben ser canalizadas hacia la creatividad.

5. **Ser proactivo**. La palabra mágica es actuar. Poner las palabras en acción es imperativo, pues la creatividad es un programa de acción vivo, una especie de laboratorio experimental en donde conforme avanzamos surgirán nuevas ideas. Actuar o morir, en vez de dejar las ideas en simples ideas para luego convertirnos en meros charlistas de café.

6. Ser atrevido. Desarrollar el potencial que poseemos, pero que no aprovechamos. Ir siempre más allá de la zona de seguridad, aun a riesgo de perder la comodidad. Audacia y riesgo van de la mano y son una cualidad de los individuos creativos. Preferir sentirse en terreno seguro conducirá al conformismo.

7. Ser original. Hay que buscar la singularidad y convertirla en un hábito natural. Siempre hay una manera diferente y mejor de hacer las cosas. Aun en situaciones similares, se deben buscar y descubrir aspectos únicos e innovadores en favor de nuestro objetivo.

8. Pensar en grande. El tamaño de nuestras acciones y logros es acorde al tamaño de nuestros pensamientos. Pensar en grande es lograr en grande. A veces se requieren miles de pensamientos previos a la acción. El pensar, como facultad privativa de todo ser humano, forma parte ineludible en el proceso creativo.

9. Saber improvisar. La flexibilidad es una característica de cualquier plan creativo, pues cuando algo no funciona se deben buscar alternativas y a veces hay que dar un giro brusco a la situación. Ser flexible en los métodos, sin perder el rumbo; actuar con criterio, sentido común y sentido práctico nos pone en ventaja.

10. Fijar un plazo. Todo plan audaz y original, exige, antes de activarlo, un análisis objetivo del tiempo y el costo. La buena administración requiere que los parámetros tiempo, costo y calidad formen parte de todo buen proyecto, a fin de poderlo considerar como realista y rentable en función del factor costo-beneficio. Fijar un plazo evita dispersarse o esforzarse en vano.

J.A. Razo ©

Cambiando los paradigmas

Si algo no funciona bien, ¡rómpalo!, ¡cámbielo! Si usted quiere progresar, tiene que ser capaz de cambiar los paradigmas; grandes o pequeños, pero paradigmas al fin. Los genios y la gente creativa son los que cambian los modelos costumbristas pues ven y van más allá de la zona cómoda y, a pesar de las críticas, rompen la brecha generacional.

Sólo los grandes "echan por tierra" los paradigmas establecidos. Piense en los Beatles, Madonna, Picasso, Spielberg, Galileo, Freud y miles más, aunque estos "miles" son pocos, muy pocos, en proporción a la población mundial de unos siete mil millones de seres pensantes. Cambiar paradigmas es como convertirse en un revolucionario pacífico que rompe reglas, modelos y costumbres. Por favor agregue en la lista a David Ogilvy el genio publicitario, quien tenía un alto sentido de la ética.

Quizá conozca usted la historia de aquella joven ama de casa que cortaba cada lado del pavo antes de meterlo al horno, pues así le había enseñado su mamá. Cuando su marido le preguntó por qué lo hacía así, no supo responder. Entonces el joven esposo fue con su suegra, pero lo único que le pudo contestar fue que así se lo había enseñado su mamá. Intrigados, fueron a ver a la abuela, y fue ella quien les contó que cortaba las partes laterales del pavo, ¡para que cupiera en su pequeño horno!

Impóngase, a sí mismo, nuevas tareas y habilidades; por ejemplo: opere el *mouse* de su computadora con la mano izquierda —o viceversa si es zurdo—, aprenda un nuevo idioma, lea el diccionario, emprenda un negocio propio, aprenda a tocar un instrumento musical, impóngase nuevos retos, mejore su apariencia y, de ser posible, reinvente cada día su propio destino. En ciertos países, la educación infantil incluye el desarrollo de habilidades como la de escribir coordinadamente, teniendo atado un lápiz a cada dedo de las manos. Por sorprendente y difícil que parezca esta actividad, con el tiempo se convierte en algo "normal". En países de alto desarrollo actividades como el ajedrez son práctica común en las escuelas.

Una técnica que yo utilizo, independientemente de la conocida regla del "qué, quién, cómo, dónde, cuándo y por qué", y que seguramente los genios —conscientes o no— utilizan en su labor es la que realizo como un hábito y que comprende los siguientes pasos: "Pregunte, investigue, analice, compare, reflexione y saque conclusiones".

En el ámbito deportivo mexicano, Hugo Sánchez rebasó todas las expectativas. Guiado sólo por un ideal, consiguió lo que nadie. Hugo combinó sus cualidades con la disciplina y la determinación y rompió cualquier paradigma y superó sus propias limitaciones.

En la Liga NBA hay un paradigma que se llama "la muralla del novato", que consiste en que el jugador que llega de la universidad está acostumbrado a jugar sólo 30 o 35 partidos, mientras que en la Liga son 82 o más. Cuando un novato llega a 35 partidos tiene que vencer a su subconsciente y romper esa barrera; un paradigma no tan sencillo.

El vocablo *Dream Team* con el que se identificó al equipo de basquetbol de Estados Unidos que compitió en las olimpiadas de 1992, impuso un nuevo paradigma, pues desde entonces, y por extensión, a todo lo que es, o se cree, excelso se le llama así: *Dream Team*. Al ballet que agrupa a los catorce primeros bailarines de las compañías más importantes, el Ballet Kirov, Bolshoi y Royal Ballet, se le ha nombrado el *Dream Team* dancístico.

Aunque es complicado homologar pruebas una conocida y ya clásica lista donde aparecen los más altos "IQ" de toda la historia de la humanidad es la siguiente:

W. Goethe	210	Filósofo y escritor
Voltaire	190	filósofo y escritor
Newton	190	Científico, filósofo, matemático
Galileo	185	Científico, físico, astrónomo
Descartes	180	Filósofo, matemático
Leonardo	180	Artista, pintor, inventor
Kant	175	Filósofo
Mozart	165	Músico, compositor
Fischer	165	Ajedrecista
Franklin	160	Inventor, humanista, político

Añada a la lista a G. Kaspárov y M. Carlsen excampeón y actual campeón mundial de ajedrez, ambos con un IQ de 190. Si gusta, también anote a Judith Polgar.

Un dato interesante es que en este "Top ten" todos han dejado constancia de sus trabajos a través de sus libros publicados.

≈ ≈ ≈ ≈

11

JUNTOS LO HACEMOS MEJOR

El efecto de la sinergia

El trabajar en equipo nos
enseña que nadie es tan
bueno como todos juntos.

J. A. Razo

Las alianzas, imperativo actual

HACER ALIANZAS, UNIR ESFUERZOS O TRABAJAR EN EQUIPO ha dejado de ser una opción para convertirse en una estrategia de vida. Para transformarnos en ganadores hay que trabajar en colaboración con los demás. Ya sea en la oficina, el hogar, la escuela o en cualquier organización, la interdependencia nos induce a ser amables y tolerantes, firmes y sinceros, íntegros y entusiastas.

Esto requiere de la creación de una cultura al respecto.

Desde pequeño, al educando se le debe enseñar y crear el hábito del trabajo en grupo. Hay que erradicar el sentido individualista heredado de nuestros ancestros y convertido en atavismo. Nunca se insistirá demasiado en subrayar la responsabilidad de los profesores, quienes deberán ser verdaderos pedagogos, psicólogos y motivadores. Parece misión imposible, pero hay que "entrarle al toro". Hay que tener presente que al niño se le forma tanto en la escuela como en el seno familiar. El futuro adulto debe crecer con un sentido de autosuficiencia bien entendido y comprender que en forma aislada poco avanzará.

En nuestra sociedad, nuestra mentalidad para trabajar en equipo es aún incipiente y es, a la vez, un reflejo claro de nuestro avance como país. Sin embargo, hay que reconocer que, aunque despacio, estamos avanzando. Las varias etapas del programa de rescate del Centro Histórico en la ciudad de México se han concluido exitosamente y son un ejemplo de que se pueden hacer a un lado intereses partidistas y de que sí se puede trabajar en equipo. Este programa, al ser presidido por el "Rey Midas" Carlos Slim, tenía, desde un principio, garantizado su éxito.

En los negocios y el mundo laboral, las alianzas estratégicas comprueban esta necesidad, y la mercadotecnia avanza cada vez más dentro de una globalización que asusta, pues la economía tiende a polarizarse. Las empresas, para poder sobrevivir y competir con eficacia, primero tienen que aprender a trabajar en equipo en forma interna y luego hacer alianzas con otras corporaciones, no sólo de tipo financiero sino de *marketing*, de recursos humanos y tecnológicos, entre otros.

El nivel que tiene actualmente nuestro deporte es también un reflejo del desarrollo del país. Aunque se ha tenido cierto avance con los triunfos de las selecciones de futbol sub-17 y olímpica, lo cual demuestra que sí podemos, falta mucho por avanzar, sobre todo en cuanto al trabajo en equipo se refiere. En general se llega a destacar normalmente sólo en competencias individuales. Es indiscutible que, en este campo, pocos serán los logros si no se trabaja en alianza con los demás. La falla incluye también a las fuerzas básicas, pues toda organización o club deportivo que se precie de serlo, deberá considerar a las fuerzas infantiles y juveniles.

Para demostrar que no sabemos trabajar en equipo y nos dejamos dominar por la envidia y el individualismo, se suele ironizar con el cada vez más famoso cuento de las jaibas: sucedió en alguna playa del mundo en donde los pescadores se dedicaban a colocar en diferentes cubetas, según su nacionalidad, a las jaibas que pescaban. Todas las cubetas estaban tapadas, con excepción de la cubeta con jaibas mexicanas. Cuando un turista preguntó por qué las jaibas japonesas, canadienses, francesas y otras estaban tapadas, y en cambio las mexicanas no, el pescador contestó: «mire, si dejamos destapadas estas cubetas las jaibas se ayudarán unas a otras para poder escapar; en cambio la cubeta con jaibas mexicanas no se necesita tapar porque en cuanto una trata de escapar las otras la jalan hasta que cae». Lo peor del asunto es que este cuento se platica como algo gracioso, en vez de tomar la moraleja como una reflexión seria para pugnar por revertir esta 'triste fama'. Resulta paradójico y desalentador ver que en nuestro país sólo somos solidarios en los tiempos de desgracia y que nos gusta ser empáticos con los extranjeros en vez de ser solidarios entre nosotros.

En cualquier ámbito, es difícil concebir la vida sin la cooperación mutua. Poseer un espíritu de solidaridad nos hace sentir mejor. En cualquier grupo de personas, llámese familia, empresa, equipo deportivo, partido político y todos los que usted descubra con sólo mirar a su alrededor, su éxito dependerá en gran parte de la armonía entre sus elementos.

Hablando de unir esfuerzos, mi visión es que, en un futuro, más cercano que lejano, la naturaleza nos cobrará la factura, a menos que nos unamos en una especie de alianza de alcance mundial bajo el lema: "Salvemos al planeta, nuestra casa mayor".

"Las alianzas y el trabajo en equipo, más
que una moda, significan la vida misma."

Pensemos por un momento en que, desde que nacemos y lanzamos el primer llanto o chillido, uno sabe —aunque sea por intuición— que nuestra vida depende de los demás. Hay que cooperar siempre.

La familia también juega

En el universo de todo ganador va implícito el éxito familiar. Hablemos de la familia y en particular de la pareja.

Para él: ¿Cuándo fue la última ocasión que le llevó flores? Para ella: ¿Cuándo lo acompañó a ver a su equipo favorito? Creo que ya lo olvidamos. Por simple lógica de convivencia usted debería tener ciertas atenciones con su cónyuge.

¿Acaso le dice con frecuencia a su pareja lo mucho que la ama? Apostaría que hace mucho tiempo no lo hace. Tal vez debiera escribírselo. Mucha gente me pregunta por qué nos cuesta tanto trabajo decirles a nuestros seres queridos lo mucho que los queremos. Yo les contesto que es un problema cultural. Nos falta aprender a expresarnos con sinceridad y valentía. Preferimos esquivar y omitir en vez de enfrentar y actuar.

"Si quiere hacer feliz a quien más ama
dígaselo hoy, no espere a mañana."

Adquiera el buen hábito de no llegar a casa con las manos vacías. Acostumbre llevar algo, ya sea un ramo de flores, una revista o un pastelillo; a veces un regalo sorpresa surte un efecto casi mágico en la familia. Hay que entender que no es cuestión de dinero sino de tiempo y amor. Todo se resolvería si usáramos el sentido común. Llevarle una sencilla rosa, el libro que recién comentaron, un par de boletos para el cine o regresarle –con el tanque lleno– el auto que nos prestó. Lo esencial es tener una atención y demostrarle que nos importa. Otras ideas: llevarle su video favorito, pasar al súper por un poco de fruta o comprar las vitaminas que se le terminaron. Hay que intentarlo y hacerlo. Luego se convertirá en un hábito o mejor dicho en un conjunto de hábitos, un conjunto de jugadas maestras de su 'yo' subconsciente.

Conozco a más de uno que después de muchos años de matrimonio y de haberse portado realmente mal, descortés, distante y hasta abusivo con su mujer, le ha llegado la hora del arrepentimiento y se la pasa todos los días redimiendo su culpa diciendo que tiene una mujer maravillosa en casa. La pregunta es: ¿por qué hacemos las cosas fuera de tiempo? En la pareja debemos tomar en cuenta que, si no ganan los dos, los dos pierden. Es curioso, pero así es. La relación de pareja, que es la más difícil de todas, está matizada por esta retadora máxima. Hay que entenderlo como una advertencia: o progresan los dos o retroceden los dos.

"Conquiste todos los días a su cónyuge y dígale todo lo que significa para usted."

Cuando Lee A. Iacocca fue despedido de la Ford Motor Company, dos semanas después se contrató con la "Chrysler Corporation", previa indemnización a la Ford y también previa aprobación de su esposa. Para muchos parecería ridícula esta actitud, sobre todo tratándose de Iacocca, quien, poseedor de gran fortuna y talento, podía haberse dedicado a jugar golf, pero prefirió emplearse de nuevo después de haber tomado una decisión en familia.

La gran fuerza que se puede lograr viviendo de cerca con la familia, la explicó el mismo Iacocca, hace ya algunos años, en su libro *Autobiografía*, convertido en un clásico, quien decía: «Para dedicarle un tiempo eficaz a nuestros hijos, hay que tomar el compromiso con la mayor seriedad y anotarlo en la agenda. Así no se tienen excusas de un aparente olvido ni se deja como segunda o tercera prioridad».

"Un ganador tiene que operar como un equipo en el que juegan su hogar, su oficina y usted mismo."

Cuando un ejecutivo es enviado a otra plaza habrá que consultarlo con la familia y considerar también la escuela de los chicos, pues hacerlo de otra manera sería una falta de respeto.

Los hombres de éxito, por lo general reconocen la gran influencia que tuvieron en su edad temprana por parte de sus padres; afirman no haber tenido una infancia fácil, pero, a su vez, no se cansan de decir lo que sus padres representaron para ellos.

No es fácil ser buen padre, ni menos el entenderlo como una profesión. Como no es común que haya escuelas para padres —hay cursos, talleres o diplomados, pero no escuelas formales—, tenemos que aprender bajo el principio de prueba y error. Sería ideal comprender que, a manera de una ley paternal, todo padre está destinado, en cierto modo, a empequeñecerse a fin de que sus hijos crezcan y lo superen.

Al famoso escritor George Simenon, creador del Inspector Maigret, cuando le preguntaban cuál era su ocupación, contestaba: «Ser padre de familia».

Todo padre debe tener presente aquella historia del niño que quiere saber cuánto gana su papá a fin de que, con sus ahorros, poder comprarle una hora de su "valioso" tiempo, el cual, por supuesto, nunca se lo dedicaba a su hijo. "¿Papá, cuánto ganas por hora?", se titula este aleccionador cuento que termina cuando el niño le dice y, a su vez, le pregunta a su padre: «Papá, ya completé, ¿me podrías vender una hora de tu tiempo?» A muchos padres este cuento les queda como un traje a la medida. El tema recurrente a lo largo del libro es que los padres no podrán cambiar su conducta y, por ende, sus hábitos si no concientizan sus actos y sus actitudes, ya definidas líneas arriba como actitudes positivas conscientes 'APC'. Este principio se aplica a todo lo que usted haga en su vida, es universal.

Por otra parte, queremos que nuestros hijos se casen bien y con el cónyuge ideal. Esto a veces nos preocupa más de lo que aconseja la prudencia, pues se nos olvida que a nuestros padres les sucedió lo mismo cuando nosotros tomamos la decisión de contraer matrimonio y no compartíamos su opinión o preocupación. Es mejor formar bien a nuestros hijos y orientarlos dentro de un marco de valores y principios familiares para que ellos sepan capitalizarlos cuando llegue el momento en que se decidan casar.

El cuento de los lápices ilustra a la perfección la importancia de la unión familiar: un padre, viendo la crisis por la que atravesaba su familia, reunió a su esposa y sus dos hijos; tomó cuatro lápices explicándoles que cada uno simbolizaba a cada miembro de la familia. Luego, con facilidad, los fue rompiendo uno a uno, para demostrarles que, por separado, la familia era fácil de vencer. Después tomó otros cuatro lápices y pidió a su hijo mayor que tratara de romperlos todos a la vez, lo cual fue imposible. «Miren —les dijo—, si estamos unidos será casi imposible que alguien nos derrote».

El ex-estrella de la NBA y posteriormente directivo, Danny Ainge, en una entrevista declaró la prioridad que para él representa su familia. Ainge atendía a su hija después de su clase de gimnasia y luego entrenaba al equipo de basquetbol de su hijo. «El basquetbol me apasiona, pero mi familia es primero», afirmaba.

El hombre y la mujer de éxito mantienen una relación estable con su pareja con base en el amor y la confianza mutua. Aprovechan cualquier oportunidad para hablar de él o ella y reconocer el amor y el apoyo que sienten. Suelen tener en su escritorio o traer en la cartera una foto de su cónyuge y los chicos, a la vez que éstos representan su principal motivación. Se produce así un círculo virtuoso que nos hace crecer como personas.

El trabajo en equipo

Por trabajo en equipo se entiende la cooperación de todos sin distinción de jerarquías o rangos. Todos deben cumplir su función olvidándose de egoísmos o envidias, que son los que destruyen, no sólo a los equipos sino al propio ser humano.

El trabajo en equipo requiere respeto, humildad y compañerismo; requiere anteponer los intereses del grupo a los personales. Esto se dice fácil, pero, ya en la práctica, conseguir la armonía y la cooperación entre los miembros de un equipo resulta de lo más difícil.

Corresponde al líder, como ya se explicó en el capítulo siete, concientizar a cada miembro del equipo; él es el principal responsable de que el equipo funcione bien y quien debe —como dice Mark McCormack en su libro *Los secretos del éxito*— de repartir los méritos a los demás.

Dentro de las organizaciones, más vale entender que la relación entre dirigentes y trabajadores debe ser óptima y siempre con un respeto mutuo. De nada sirve un ejecutivo con grandes ideas si no tiene en su plantilla quien las realice; o bien, de poco sirve tener al mejor departamento de ventas si no hay productos de calidad que respalden su labor. Una referencia obligada dentro de este tema son los legendarios espadachines "los tres mosqueteros" —que en realidad eran cuatro—, cuyo lema era la inmortal frase "todos para uno y uno para todos".

En las escuelas, el trabajo en equipo ahora se fomenta con mucho más interés que antaño. Durante los cursos se crean brigadas o equipos de trabajo que obligan a todos a la comunicación y cooperación mutua, resolviendo sobre la marcha los consabidos problemas, que son, en cierto modo, parte de la misma convivencia.

En los equipos deportivos, trabajar unidos requiere que las estrellas del grupo se olviden que lo son, dejar su ego a un lado y cumplir el rol que les corresponde. Es necesario entender que estas estrellas, llamados hombres franquicia, cuyo juego es de primer nivel, suelen tener algunos juegos malos, pero cuando se presenta esta situación el equipo debe funcionar como una unidad y de esta manera compensar el *slump* de su líder. Es así como un equipo gana partidos y luego campeonatos.

**«El talento individual gana los juegos, pero
el trabajo en equipo gana los campeonatos.»**

Los equipos deben lograr que los esfuerzos y las actitudes sean colectivos. Hoy día, un entrenador prefiere tener en su plantilla a un grupo de jugadores que estén dispuestos a trabajar para bien del equipo, que contar con una o varias estrellas que no estén dispuestos a sacrificarse.

En cualquier organización o equipo de trabajo uno de los factores que más afecta su buen desempeño es la falta de continuidad en los programas y proyectos. La excesiva rotación de personal en las diferentes áreas y niveles provoca desajustes importantes y hace disminuir la productividad. Esta pifia se manifiesta en exceso en las organizaciones gubernamentales y en el ámbito deportivo. También se observa esta anomalía, y por desgracia va en aumento, en el campo empresarial y el mundo laboral.

Otros problemas típicos, que estropean cualquier organización deportiva son las envidias y las rivalidades mal entendidas. La vanidad y el ego terminan por enfermar a jugadores, entrenador y directivos. Aun en equipos no profesionales no se justifican estas actitudes ni mucho menos la apatía, pues de lo que se trata es crear el hábito de ganar. Recuerdo a un *coach* que ante la menor muestra de desánimo de uno de sus jugadores le llamaba para increparlo y cuestionarle: «¿Quieres jugar beisbol o no?».

El siguiente decálogo nos enseña las bases para trabajar —con eficacia— en equipo.

Decálogo de oro para equipos de trabajo

1. Enunciar la misión, la cual deberá contener un gran designio y el ideal a cumplir. La visión, la filosofía y la ideología del grupo también deberán ser parte esencial.

2. Determinar los objetivos del proyecto. Establecer las metas parciales y los puntos de control del mismo. Concientizarse del compromiso y entenderlo como un reto.

3. Establecer las actividades principales que componen el proyecto y referirlas a un cronograma. Se precisa una gráfica esquemática y un diagrama de ruta crítica.

4. Declarar que el trabajo es un privilegio y convencerse de que es la divisa en la que se apoya todo proyecto. Establecer la responsabilidad y la autodisciplina como apoyo fundamental del trabajo mismo.

5. Crear y conservar una relación de confianza, respeto y alta estima entre las personas que componen el proyecto, tanto en forma parcial como a nivel de todo el grupo.

6. Reforzar la motivación y la actitud positiva consciente APC del grupo. Mantener elevada la moral y la autoestima. La alegría y el optimismo deben ser más que una norma.

7. Mantener informados a todos los elementos del grupo mediante un sistema efectivo y bidireccional de comunicación. Tener un sociograma y evitar las reuniones en exceso.

8. Incentivar a los miembros del grupo mediante la implementación de un consenso. Establecer estímulos y recompensas. Premiar la iniciativa y la creatividad.

9. Establecer un organigrama con las jerarquías y niveles necesarios. El liderazgo debe encauzar el poder propio y el de los demás elementos del equipo.

10. Aceptar y asumir el riesgo del proyecto. Apoyarse en una fe a toda prueba. Buscar la trascendencia y el sello propio de la organización. Las reglas para llevar todo proyecto a buen puerto están basadas en el orden y la constancia.

J. A. Razo ©

Como organización modelo y vanguardista sobresale la Liga NBA, que no puede recibir más que elogios por saber mantener en equilibrio los intereses entre todos los que la componen y su entorno, creando un "efecto en cadena". Es como el juego de la pirinola, pero con la peculiaridad de que aquí "todos ganan".

Como equipo modelo hay que mencionar a los *Chicago Bulls*, pues sus seis campeonatos obtenidos los convirtieron, según encuestas, en el mejor equipo de la década de los noventa, no sólo del basquetbol sino de cualquier otro deporte en el mundo. El Barcelona de Joseph Guardiola es otro ejemplo de cómo se arma y se dirige un equipo ganador de altos vuelos, lo mejor de la primera década de este siglo.

Un caso ejemplar es el del superestrella de basquetbol David Robinson, quien fue capaz de vencer su ego y compartir los reflectores con su compañero Tim Duncan. El resultado de esta actitud fue que su equipo, *San Antonio Spurs,* ha logrado sendos campeonatos. Esto comprueba que el trabajo en equipo requiere madurez y espíritu de sacrificio.

Un caso para reflexionar ocurre en el futbol americano, donde todos los reflectores se enfocan hacia el quarterback. Es probable que el mariscal de campo sea muy inteligente y sea capaz de conducir al equipo, pero se nos olvida de que sin el apoyo de los *tackleadores* poco podría lograr. Sin embargo, los defensas y pateadores ganan en centavos mientras que el mariscal gana en dólares de plata.

Arthur Fry, llamado el señor *post-it*, inventor de las

notas autoadheribles y desprendibles, decía: «Considero que no hay nadie lo suficientemente inteligente para trabajar solo y crear un invento; se requiere de varias mentes unidas en un mismo esfuerzo para lograrlo».

La naturaleza es tan sabia, que es fácil observar cómo las gacelas se agrupan para defenderse de los ataques de los leones y los tigres. También sabemos del peligro que encierran las abejas cuando un enjambre nos ataca; y es que ante una abeja, uno se puede mostrar piadoso o despiadado, pero ante un millar, es mejor protegerse. Las hormigas es otra especie admirable que nos enseña cómo se trabaja en equipo, pues son capaces de cargar a una presa cien veces más pesada que ellas mismas.

Sinergia y mimetismo

Si bien el trabajo en equipo establece como premisa el apoyo y la colaboración mutua, los siguientes conceptos van más allá, pues invaden otros campos del comportamiento humano; veámoslos:

El efecto del mimetismo.

El mimetismo se refiere al cambio que experimenta un individuo cuando intenta parecerse a otro reproduciendo sus gestos y actitudes. Se da en toda relación humana y en cualquier especie viva. Quien tiene mayor carácter y personalidad influye en los demás de tal forma que tratan de imitarlo y parecerse lo más posible al llamado individuo dominante. Esta similitud llega a ser asombrosa y es ejecutada en forma mecánica tanto en gestos como en movimientos y actitudes.

El efecto de autoconfianza.

La autoconfianza se manifiesta cuando uno descubre su valía propia. Es el efecto que los líderes producen en sus compañeros al elevarles su nivel de confianza, lo que se traduce en una mayor fortaleza mental y autoestima. A su vez, esto les permite romper sus barreras mentales. Se podría asegurar que liberan su potencial y afloran sus virtudes, las cuales se desarrollan al máximo. Convivir con seres superiores siempre nos hará mejorar.

"Convivir con gente mejor nos vuelve mejores y hace que desarrollemos nuestras virtudes."

Lo que sucede no es que el individuo en sí se transforme de la noche a la mañana en alguien diferente, sino que, al sentirse protegido y seguro, surge el factor confianza y desarrolla todo su potencial.

En mi libro, *El memorándum del éxito*, describo cómo el poder de la autosugestión –con frecuencia elevado a la autohipnosis–, a través de las autoafirmaciones y un enfoque positivo y consciente, nos puede elevar a niveles o planos superiores, muchos de ellos sorprendentes hasta para uno mismo. Demuestro así que la autosugestión, bajo un enfoque negativo, nos puede derrotar y hasta enfermar. En síntesis, uno puede controlar su vida a tal grado que puede enfermar, sanar, envejecer, rejuvenecer o hasta morir en función de su propio poder mental.

La conclusión es que uno es tan grande como pretenda serlo; pero para eso es necesario que uno lo crea. Uno es quien rompe las barreras mentales.

**"Para ser grande se requiere pensar
en grande y convivir con gente grande."**

El efecto de la sinergia.

El efecto de sinergia se presenta cuando la unión de fuerzas o voluntades dan un resultado mayor que la suma individual de esas fuerzas. Este efecto, real y medible, se da como consecuencia lógica del trabajo en equipo. El *coach* Phil Jackson lo resume así: «El trabajo en equipo es algo más que eso, es química».

El concepto de sinergia se entiende fácilmente cuando decimos que 1 + 1 = 3; esto aritméticamente no es correcto, pero en cuanto al comportamiento humano está demostrado que la suma ordenada de voluntades produce un efecto multiplicador.

**"En un grupo con armonía, la fuerza asociada es
mayor que la suma de las fuerzas individuales."**

Este concepto no es nuevo, pero como nuestra cultura y desarrollo está en ciernes, olvidamos trabajar en equipo y en consecuencia no aprovechamos este principio psicológico. Concluyamos diciendo que:

**"En cualquier equipo, ningún miembro
es tan bueno como todos juntos."**

≈ ≈ ≈ ≈

12

LA RESPONSABILIDAD A CUESTAS

Dignidad y compromiso

Nuestra responsabilidad
es proporcional al nivel
de desarrollo que tenemos.

J. A. Razo

La dignidad, parteaguas en la vida

NADIE PUEDE SER UN GANADOR COMPLETO SIN LA DIGNIDAD de por medio. Vivir con dignidad es una premisa que debe presidir nuestra vida. La dignidad es una virtud sin la cual las otras son inútiles. Las eternas crisis o las múltiples carencias no deben justificar nuestras flaquezas.

La dignidad no se negocia. Tener una conducta digna significa respetar nuestros principios y ser coherente con nuestros actos. El honor, la palabra, el respeto de sí mismo, el amor propio y la ética, entre otros valores, nos permiten, si los cumplimos, sentirnos dignos y poder ver de frente a los demás.

Hoy día, vivir dignamente, enfrentando las dificultades y tropiezos cotidianos, es realmente difícil. Hay que aprender a tener ambiciones legítimas y saber conservar los escrúpulos. Estar en la cima y conservar una actitud digna y honesta, es propio sólo de los seres íntegros. El mérito está en seguir siendo un hombre virtuoso y sencillo al ir subiendo los escalones del éxito verdadero.

Todos los días nuestra dignidad está a prueba. No hay que ceder ante las tentaciones. R. W. Emerson decía: «Para saber si un determinado acto es digno o no, sólo hay que pensar si seríamos capaces de hacerlo frente a nuestros hijos». Confucio afirmaba: «El hombre común persigue la comodidad y el hombre virtuoso persigue la virtud».

Asumamos con responsabilidad nuestros actos, en vez de buscar justificarnos. Evitemos volvernos esclavos del ego, del yo: primero yo, luego yo y siempre yo. No busquemos nuestra conveniencia como primera y única prioridad. Pensemos que se debe dar antes que recibir

Seamos capaces de ayudar con generosidad a otros. Actos sencillos como sonreír, ayudar a un anciano, cooperar por una causa o dar muestras de cortesía, son actos poco frecuentes.

"Hacer algo en favor de alguien en forma anónima engrandece nuestra alma."

¿Qué pensaría usted si se tratara de dar la vida por

alguien que ni conoce? ¿Recuerda la película *Salvando al soldado Ryan*? Las escenas a las que quiero referirme son la primera y la última del filme, cuando el señor Ryan, ya en su vejez y con paso lento, llega al cementerio donde está sepultado el capitán del ejército que le salvó la vida, protagonizado por Tom Hanks. Entre estas dos escenas transcurre la película al pasar por la mente del ex-soldado Ryan las escenas de la guerra. Vuelve al presente y con lágrimas en los ojos le pide a su esposa que le diga si ha sabido vivir con dignidad. «Dime que he sabido ser digno», le cuestiona; y es que en agradecimiento a quien le salvó la vida, el señor Ryan quería estar seguro de haber llevado una vida útil y digna. La escena termina cuando su esposa lo tranquiliza.

Es oportuno recordar las palabras que, en una entrevista, Roberto Gómez Bolaños dijo en respuesta a la pregunta de cómo le gustaría que la gente lo recordara: «Tal vez parezca cursi, pero me gustaría que la gente me recordara como un buen hombre». Estas palabras, similares a las del ex-soldado Ryan, lo convierten en un pequeño gran hombre.

La dignidad es un proyecto de vida con el que se debe trabajar a corto y a largo plazo. No se debe especular. El compromiso es ser digno con uno mismo. La dignidad y la responsabilidad deben ser nuestro nombre y apellido.

A las personas con problemas de conducta compulsiva o patologías similares, les resulta difícil mantener la dignidad. Por fortuna hay asociaciones, como los grupos "AA", que hacen loables esfuerzos para rescatar a estos individuos e integrarlos a la sociedad y volverlos productivos. Leamos el siguiente texto pensando en corregir nuestras deficiencias y fortalecer nuestros aciertos:

Sólo por hoy

* Mantendré una actitud positiva.

* Cuidaré de mis buenos hábitos.

* Erradicaré uno a uno mis malos hábitos.

* Viviré con responsabilidad y dignidad.

* Cumpliré con mis obligaciones.

* Defenderé mis derechos.

* Reconoceré los derechos de los demás.

* Haré hoy lo que tenga que hacer hoy.

* Aprenderé a decir no con cortesía.

* Regalaré muchas sonrisas.

* Daré las gracias muchas veces.

* Desarrollaré mis poderes creativos.

* Conservaré mis amistades.

* Haré un nuevo amigo.

* Aprovecharé mis dones.

* Adquiriré y desarrollaré una habilidad.

* Dedicaré un tiempo a la reflexión.

* Ocuparé el mayor tiempo posible en la lectura.

* Daré lo mejor de mí.

* Me expresaré con elocuencia.

* Diré cosas agradables e interesantes.

* Daré a cada problema su real dimensión.

* Reconoceré mis errores y aprenderé de ellos.

* Trataré de acercarme a la perfección.

* Me descubriré a mí mismo cada día.

* Inventaré mi propio futuro.

J. A. Razo ©

La responsabilidad a cuestas

La responsabilidad es un valor único; es una actitud inherente a todos los actos de nuestra vida. Es incuestionable el hecho de que nacemos, vivimos y morimos con la responsabilidad a cuestas. Al imaginarnos a un individuo exitoso y triunfador lo asociamos, de inmediato, con una actitud madura y responsable.

Winston Churchill decía con gran acierto: «La responsabilidad es el precio de la grandeza». Yo sostengo que es una de las mayores virtudes y que va unida, por necesidad, al cumplimiento de nuestras tareas cotidianas e interactúa con ellas. Es la que nos induce a hacer bien las cosas, a cumplir con las expectativas e incluso superarlas.

**"La responsabilidad forma parte intrínseca
de todos los actos del individuo."**

El proceso de la responsabilidad se debe iniciar, como todas las demás cualidades, desde la niñez, hasta convertirla en un gran hábito y verla después como algo natural. Los adultos cometemos el error de facilitar demasiado las cosas a los chiquillos, de tal forma que se vuelven dependientes, pues todo se los concedemos. Su educación no la enfocamos hacia una cultura de responsabilidad. Aquí es oportuno recordar el conocido aforismo oriental: "No hay que darle al hambriento un pez, sino enseñarle a pescar". «Y enseñarle a pescar bien», agregaría.

Los niños se encuentran, de pronto, con que ya son jóvenes o hasta adultos, pero nadie les inculcó el sentido de la responsabilidad. Es aquí donde se manifiesta la falta de formación al respecto.

Otra forma de verlo es entendiendo que la responsabilidad, al igual que otros hábitos, se inicia en los niños con la educación del yo consciente. Esto se logra haciendo que obedezcan las órdenes recibidas, las cuales al principio las realizarán con cierta indisposición y rebeldía, guiados solamente por la obediencia, disciplina y hasta por temor, más que por convencimiento propio. Al principio, estas actividades o tareas deberán ser supervisadas a fin de que cumplan con la calidad y el resultado requerido. Con el paso del tiempo estas tareas, al principio desagradables, se volverán placenteras y llegarán a formar parte del carácter y personalidad de los niños, como una forma de ser natural. Entonces ya no se requerirá la supervisión o vigilancia. Habrán pasado del yo consciente al subconsciente.

Llegado ese momento los niños y jóvenes se habrán vuelto responsables. El subconsciente habrá sido educado para actuar así en lo sucesivo,

Me gusta recordar al Papa Juan Pablo II, en su poema, *Los muchachos*, que escribió cuando aún se llamaba Karol Wojtyla, y donde se refiere a los jóvenes que, al contraer nupcias y guiados por el amor, se vuelven responsables, y que en uno de sus versos dice: «El amor los madura de repente y tomados de la mano caminan en tropel». Es cierto, los jóvenes, al casarse, tienden a volverse responsables.

La responsabilidad se manifiesta cuando reconocemos ante los demás nuestros actos y nuestros posibles errores y sus consecuencias. También se manifiesta cuando se está en plena libertad de actuar sin estar vigilado o supervisado por otros. Actuamos guiados por nuestra propia convicción.

"Asumir la responsabilidad, implica asumir los resultados, cualesquiera que éstos sean."

Hay que dar siempre la cara, pues sólo queremos aparecer en la foto cuando el viento nos favorece; cuando sopla en nuestra contra, adoptamos la actitud conocida como "síndrome del avestruz". Aventamos la piedra y escondemos la mano.

"Dime cómo conduces tu auto y te diré quién eres". La gente se transforma tras el volante y en un acto de inmadurez pierde su identidad. Éste sería un parámetro para medir el nivel de responsabilidad de la ciudadanía y, de alguna manera, también el grado de civilidad de un pueblo. Juan Manuel Fangio dijo alguna vez: «Mi mayor temor es encontrarme, en plena ciudad, con gente manejando que se cree Juan Manuel Fangio; eso sí me aterra».

Cuando logremos crearnos una imagen responsable y profesional, habremos dado el principal paso hacia el logro de nuestras metas.

Los retos de la responsabilidad

En mi obra *El Libro de Oro de la superación personal*, publico una guía para medir la responsabilidad del individuo. Partiendo de allí, he elaborado el siguiente decálogo de carácter universal:

Los diez grandes retos de la responsabilidad

1. **Reconocer nuestros errores y tratar de enmendarlos.** El triunfo tiene muchos padres y la derrota es huérfana. Cuando las cosas salen mal hay que dar la cara, evitando caer en el síndrome del avestruz. Ninguna situación, por terrible que sea, es permanente, pues nada es para tanto ni para siempre. Hay que entender los ciclos de la vida.

2. **Cumplir las promesas y la palabra**. El trato es entre personas y el contrato es entre abogados. Hay que regresar a la "palabra de honor" que usaban nuestros abuelos y volverla vigente, pues se nos olvida fácilmente lo que prometemos. Está demostrado que las mujeres sostienen más su palabra que los hombres y que la mejor promesa es la que se cumple.

3. **Hacer del respeto una norma de vida.** El concepto del respeto es universal; ver con respeto nuestra profesión, respetar a la mujer, respetar la propiedad ajena; si algo no es nuestro, debe de ser de alguien; todos sabemos que nuestro derecho termina donde empieza el de los demás. El respeto a los demás es el precio que hay que pagar por vivir en sociedad.

4. **Aprender a decir "no lo sé"**. Dado que no lo podemos saber todo, es más responsable decir no lo sé a tratar de, guiados por un acto de vanidad, guardar las apariencias: dar una mala orientación o una respuesta errónea se nos ha vuelto costumbre. Responder por responder, dar una opinión sin tener fundamento o contradecir sin sentido, se ha vuelto un mal hábito.

5. **Ser ciudadanos de primera**. Nuestra sociedad es el resultado del comportamiento de sus habitantes, pero no hemos querido pagar la cuota y preferimos seguir siendo

ciudadanos de segunda; hay que tener sentido cívico y nacionalista, social, ecológico y político. Ser activo y participar, en vez de tomar una actitud contemplativa.

6. **Dejar este mundo mejor que como lo encontramos**. Todos podemos mejorar un poco día tras día y crecer en el sentido más amplio del término. Cooperar en nuestro entorno e influir positivamente debe ser nuestra misión. Hay que lograr que el mundo avance.

7. **Saber optimizar el tiempo**. El uso del tiempo debe verse con respeto pues hay que entender que el tiempo de los demás no nos pertenece. La puntualidad no es una opción sino una norma. El uso prudente del tiempo, evitando alargar las cosas, merece un aplauso.

8. **Ser un apóstol de la verdad.** El uso de la verdad debe ser nuestra mejor divisa. Esgrimir y defender la verdad a cualquier costo engrandece nuestro carácter. Enseñar a las próximas generaciones los principios y valores éticos, comenzando por ser auténtico, congruente y veraz, convertirá a nuestro país en una gran nación.

9. **Amar lo que hacemos**. Si usted quiere ser feliz un verano, gane un premio de lotería; pero si quiere ser feliz toda la vida, ame lo que haga. Descubrir qué es lo que nos gusta hacer y buscar quien nos pague por hacerlo, es el secreto para volvernos responsables "naturales".

10. **Amar a su familia**. Cualquiera que sea el rol que usted juega en su familia, padre o madre, hijo genético o adoptivo, tía o abuela, debe entenderse que, si no nos hacemos dignos de nuestros seres queridos, cualquier otra cosa no tendrá significado. La familia merece todo nuestro amor y respeto, pues es la razón de nuestro vivir.

J. A. Razo ©

Viviendo con estrés

Se puede definir el estrés como una mezcla de cansancio y ansiedad que percibe nuestro organismo. El estrés no puede considerarse como una enfermedad, ni como un síntoma, ni como un síndrome, sino un poco de todo lo anterior; es ambivalente por naturaleza, porque si bien se ha llegado a considerar como el mal de la sociedad moderna, hay que entender que, al ser parte de la condición humana, habrá que aprender a controlarlo de tal manera que obre a nuestro favor; es el llamado estrés positivo, el cual en vez de provocarnos ansiedad o fatiga, nos impulsa a realizar las cosas por medio de una energía adicional y una adaptación óptima del organismo hacia los conflictos cotidianos.

Se podría hablar del estrés como una enfermedad propiamente dicha, cuando falla la reacción frente a la situación de alarma. Es entonces cuando el estrés se vuelve crónico y el organismo, alterado demasiado tiempo, comienza a desarrollar dolencias más serias que provocan consecuencias dañinas al cuerpo.

La clave consiste en hacer que la curva del estrés —ver figura 12.1 de la página siguiente— trabaje en la parte positiva para poder soportar y controlar las situaciones estresantes. Se podría decir que en muchos casos uno debe provocar estas situaciones, pues en esa zona uno es más productivo, a la vez que el cuerpo se excita y las hormonas como el cortisol, la adrenalina y las endorfinas, se hacen presentes en nuestro cuerpo.

El manejo efectivo del estrés

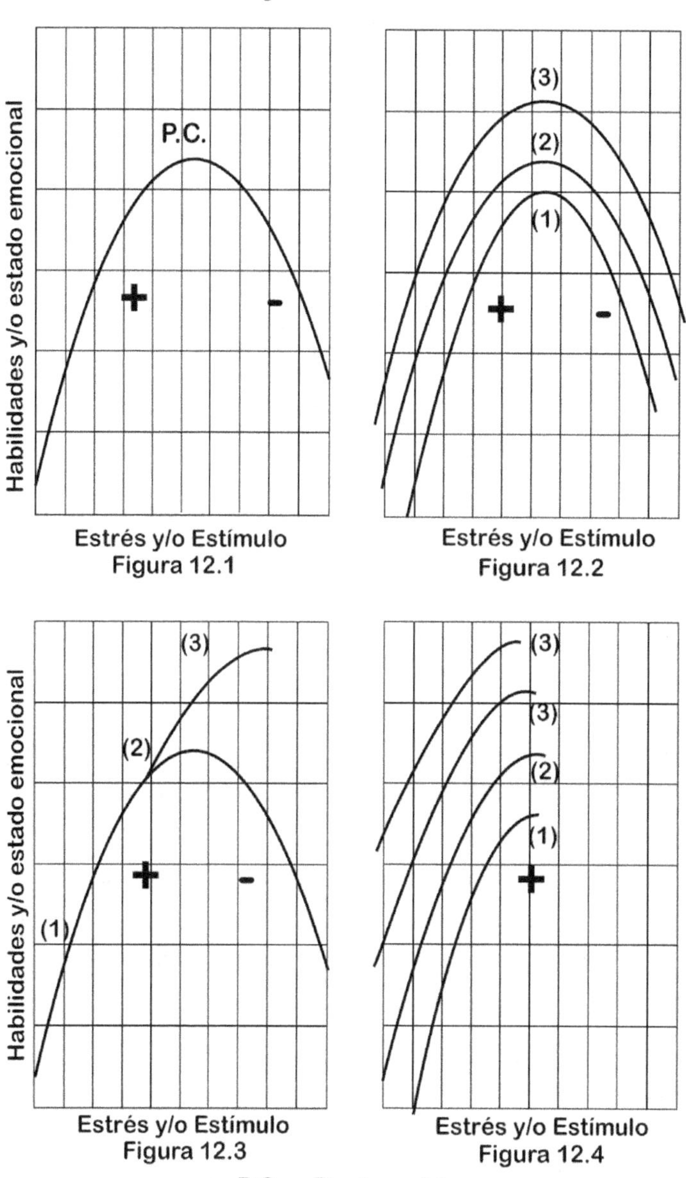

P.C. = Punto crítico

Aquí también la mente juega un papel primordial, pues una manera de ver el estrés es de acuerdo a cómo reaccionamos ante un estímulo o situación estresante.

Es por eso que el sólo pensar en algo nos puede enfermar, como una especie de fantasma que nos influye sin razón alguna. Aquí es cuando caemos, sin causa aparente, en el lado negativo de la curva y nuestras habilidades, claridad de pensamiento y control de las emociones decaen. Ver el lado derecho de la figura 12.1.

"Nuestra mente se imagina situaciones inexistentes que nos provocan estrés."

Se ha demostrado científicamente que el estrés negativo deteriora el sistema inmunológico y debilita la memoria, hace disminuir nuestra longevidad y expectativas de vida, además de que, como ya se dijo, uno deja de ser productivo.

Una mente adiestrada y educada permite una mejor respuesta a cualquier estímulo estresante, de manera que las curvas de estrés son diferentes para cada persona. Una persona cuya curva de comportamiento es la (1) de la figura 12.2, puede, a base de ejercicio de fortalecimiento físico-mental, elevarla a la curva (2) u otra mayor. Así, su respuesta al estrés mejora, pero también debe tomar en cuenta que puede descender si cae en excesos y no se toma la recuperación necesaria, o si descuida o abusa de su organismo.

Habrá que tener presente que conforme avance en edad, su fortaleza y su sistema inmunológico disminuirán y el umbral o punto crítico, P.C., que divide el estrés positivo del negativo, tenderá a descender.

La figura 12.3 es una curva que debemos saber interpretar bien, pues se presenta cuando, en su afán de superar una situación dada, la persona hace que su organismo, que normalmente trabaja en el segmento (1), sea obligado a pasar al segmento (2), lo cual, aunque en apariencia resulta mejor, será altamente perjudicial a su cuerpo por el sobreesfuerzo realizado.

No conforme aún con lo anterior, el individuo puede llevar a su cuerpo, en un afán desenfrenado, al segmento (3), en donde pone en juego su propia vida por el gran esfuerzo físico-mental realizado; aquí se pierde el sentido de la ubicación y el control propio. La curva puede seguir ascendiendo hasta caer el individuo en estado de shock y encontrar probablemente la muerte; en estas circunstancias se pierde toda noción de la realidad. Cuando se juega con la muerte, como es el caso del alpinismo, los corredores de autos o cualquier otro deporte extremo, el deportista, al final de cuentas, se vuelve adicto a la adrenalina y a las endorfinas. Igual sucede, siendo atleta o no, cuando se actúa bajo los efectos de alguna droga. Sin embargo:

"Si usted se fortalece adecuadamente, se volverá resistente al estrés en forma sana."

Lo mejor es fortalecerse en forma natural, de tal manera que la resistencia al estrés aumente y podamos trabajar siempre en la zona positiva, aunque cada vez en una cota más alta, según se aprecia en la serie de curvas de la figura

12.4, pues con el ejercicio y la nutrición adecuada se puede pasar, en no mucho tiempo, desde la curva inferior (1) hasta la superior (4).

Es así como el ejecutivo o empresario podrán tomar mejores decisiones y cada vez más importantes; el estudiante se conducirá mejor en los exámenes; la madre mantendrá la calma ante situaciones estresantes que provocan los niños o en las labores cotidianas del hogar; el jugador de ajedrez podrá controlar mejor su mente antes, durante y después de una partida; la secretaria podrá resistir mejor las presiones y urgencias del trabajo, y así en cualquier otra actividad.

Los desafíos nos vigorizan psicológica y físicamente; nos motivan a aprender nuevas habilidades y llegar a dominar nuestros trabajos. Con frecuencia el estrés propio del trabajo se confunde con este tipo de desafíos, pero hay que diferenciarlos, pues cuando nos encontramos con un desafío nos sentimos relajados. Es aquí donde el desafío es un componente importante del trabajo sano y productivo. Sin embargo, recordemos que: "puro trabajo y nada de descanso hacen de Juanito un tipo enfermo".

La ignorancia, el posponer las tareas, la incertidumbre ante los acontecimientos, los aspectos económicos y el mal manejo del factor tiempo, son frecuentes causas de estrés. Hoy por hoy, hay cientos de situaciones o estímulos que causan estrés, aunque de diferente forma en cada individuo.

Cuando nos salimos de nuestra área de seguridad o alguien nos la invade, nos estresamos. El hastío y la saturación son otras formas de estrés que afectan a cualquier profesional, pero en especial son proclives a ello los atletas y deportistas de alto rendimiento. Las computadoras, el Internet, los videojuegos y demás nos atrapan e inducen a una forma de estrés contemporáneo o cibernético del cual hay que sustraernos, pues no podemos estar siempre frente al monitor.

Sin embargo, entre más conocimientos se tengan, la confianza en uno aumenta y el estrés disminuye o, mejor dicho, se soporta mejor. Suele ocurrir que, aunque se avance en conocimientos, al darnos cuenta de que la ignorancia es mayor, nos estresemos.

"La lectura es la solución más efectiva contra el estrés. Es el gimnasio mental por excelencia."

Conocerse a sí mismo es un paso fundamental para controlar el estrés, pues de esta manera uno puede identificar sus puntos débiles y fuertes, y sobre ese criterio apoyarse para moverse en un nivel de competencia. El estrés positivo se expone a su máxima prueba cuando el deportista sale al terreno de juego, el conferenciante expone su discurso, el estudiante presenta su examen o el médico entra al quirófano. Es común oír decir a los actores que al aparecer en escena surgen los nervios y sienten mariposas en el estómago. En todas las situaciones descritas se requiere controlar el estrés positivo a fin de que no rebase el umbral y se convierta en una tensión dañina.

≈ ≈ ≈ ≈

13

EL MUNDO GLOBALIZADO

Incorporarse a la modernidad

En estos tiempos, para poder
avanzar hay que tomar la
autopista de alta velocidad.

J. A. Razo

La comunicación efectiva

LA COMUNICACIÓN CONSTITUYE EL ELEMENTO NATURAL QUE une y vincula al ser humano en su diaria convivencia. La comunicación es tan antigua como el hombre mismo y tan natural como caminar o respirar, pero habrá que verla siempre con renovado interés, respeto y sentido humano. El hombre triunfador sabe comunicarse con eficacia y sus palabras deben ser impecables.

Hagamos de la comunicación un punto de

acercamiento entre los individuos; pero en vez de hablar solamente al "ahí se va" procuremos que sea efectiva y afectiva. Hablar bien no significa hablar mucho. Tengo especial desconfianza de las personas que hablan demasiado y me hacen recordar a Montesquieu que decía: «Entre menos piensa el hombre, más habla». Es mejor escuchar más y hablar menos. Se debe "conectar" el cerebro antes de hablar y hay que pensar lo que se dice para luego decir lo que se piensa. Seneca decía: «Habla para que yo te vea».

La comunicación es una necesidad y una herramienta que debemos pulir, a fin de convertir nuestras palabras en una comunicación de excelencia.

"La comunicación debe ser convincente, breve, persuasiva, elocuente, asertiva, clara y objetiva."

Al hablar, tengamos presente la máxima de Johann W. Goethe: «Una de nuestras diarias obligaciones debe ser el decir palabras razonables».

Hablar un idioma significa ubicar su conocimiento y práctica en, al menos, tres aspectos esenciales: el dialógico, el intelectual y el cultural. El dialógico se refiere más que a saber hablarlo y oírlo, a conocer las reglas de conversación reconociendo que la realidad mínima de todo idioma es la interacción social. No hay idioma si no hay correcto diálogo.

Al padre Chinchachona alguna vez le oí expresar: «El amor es dialogar». Es una frase hermosa si nos ponemos a pensar en la enorme trascendencia de la comunicación.

Isabel Allende ha dicho: «Las palabras están ahí, en el espacio etéreo, a disposición de todos. Sólo es cuestión de acomodarlas para que digan ideas congruentes».

**"En un ambiente de máxima comunicación
e información los conflictos se minimizan."**

Sin embargo, la gente no sabe expresarse bien. Hay casos de personas cuyo léxico no rebasa las 1,500 palabras. Nos comunicamos entre nosotros porque no nos queda otro recurso; y como aplicamos la ley del menor esfuerzo, el lenguaje se va deformando y el que recibe el mensaje no lo capta bien por lo que lo transmite distorsionado, cayendo en el famoso juego del teléfono descompuesto. Otra vez nos encontramos ante un problema de tipo cultural, y otra vez ante la misma solución: la lectura.

Un estudio demuestra que una orden se debe saber transmitir en menos de veinte palabras.

La lectura de obras seleccionadas incrementa nuestro vocabulario y, por consiguiente, nuestra capacidad para comunicarnos. Es interesante saber que *El Quijote*, la obra de Cervantes, contiene cerca de 23 mil vocablos diferentes. También reanima saber que los libros siguen siendo de los productos más populares en las ventas por Internet.

Los líderes de excelencia siempre se distinguirán por su estilo de comunicación diáfano y con pleno convencimiento de las ideas que transmiten. Una personalidad arrolladora, una imagen perfecta y un lenguaje coherente y fluido, les permite transmitir sus ideas con precisión, emoción y elegancia. Esta clase de personas adaptan su estilo de discurso con facilidad al tipo de auditorio y, si es necesario, se muestran simpáticos, graciosos o irónicos. Dentro de este contexto el lenguaje corporal juega, también, un papel más que importante.

Las comunicaciones vía satélite facilitan, en la actualidad, la divulgación oportuna y efectiva de cualquier hecho noticioso. Las grandes cadenas de televisión como HBO, BBC o CNN nos permiten ver, en vivo, lo que sucede del otro lado del mundo, tanto sucesos maravillosos como hechos lamentables.

Por eso, el comunicar se considera un derecho. La comunicación, a través de la palabra hablada o escrita, se ha convertido en una industria poderosísima. Así, la labor del comunicador profesional, desde su trinchera, implica una gran responsabilidad. Las convenciones internacionales organizadas por las sociedades de la información, con sus propuestas mediáticas, cobran una importancia de primer orden para determinar el papel del gobierno, de los empresarios y de la sociedad.

Pero resulta preocupante la abierta fusión entre dinero y poder, medios y política. Bajo cierto ángulo, el avance tecnológico se ha convertido en una calamidad, pues la televisión es ya una forma de gobernar. Los mega poderes mediáticos pueden lograr que la manipulación de votos para ganar la presidencia parezca un juego de niños. Pero, en contraparte, la pluralidad de los sistemas de comunicación dificulta la manipulación y la censura de la información.

La comunicación efectiva

Hay que evitar lo que a continuación se ilustra:

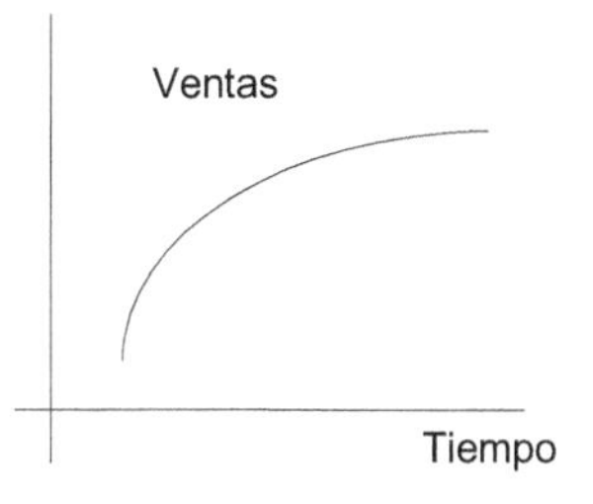

Lo que pidió el director

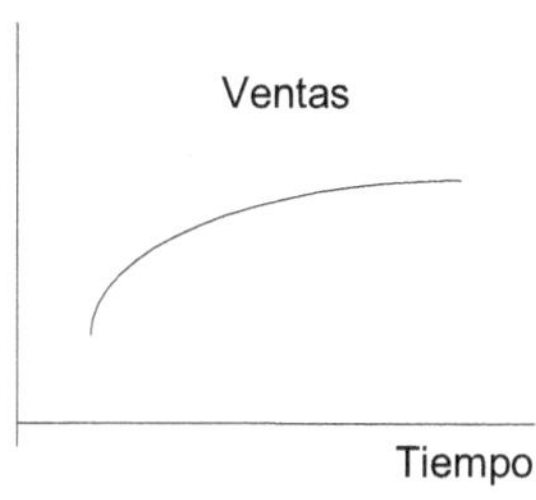

Lo que solicitó el gerente

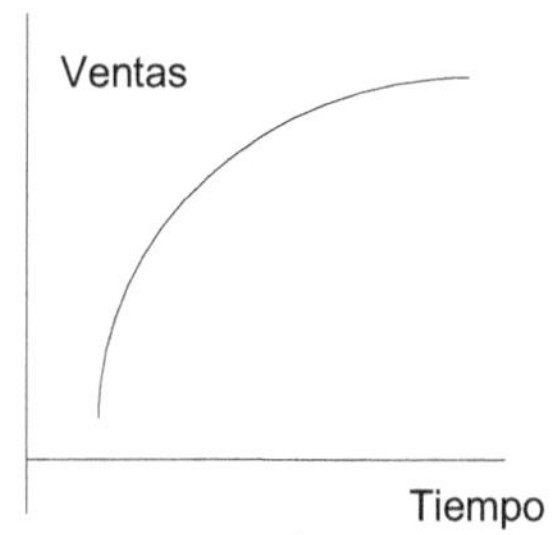

Lo que querían los socios

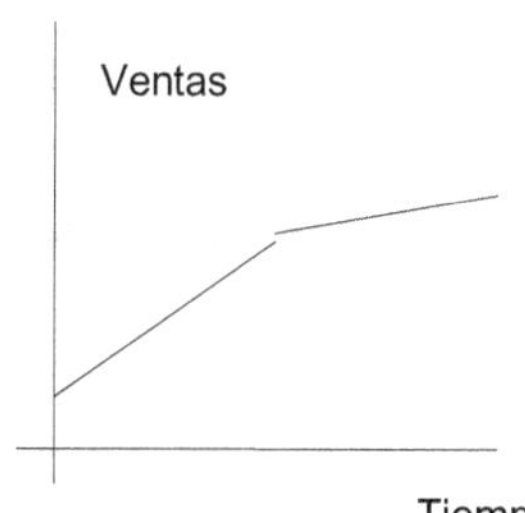

Lo que entendió un grupo
de empleados

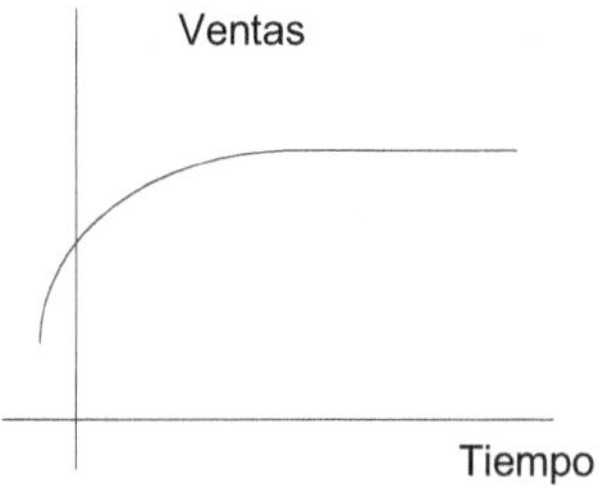

Lo que entendió el cuerpo
de ventas "A"

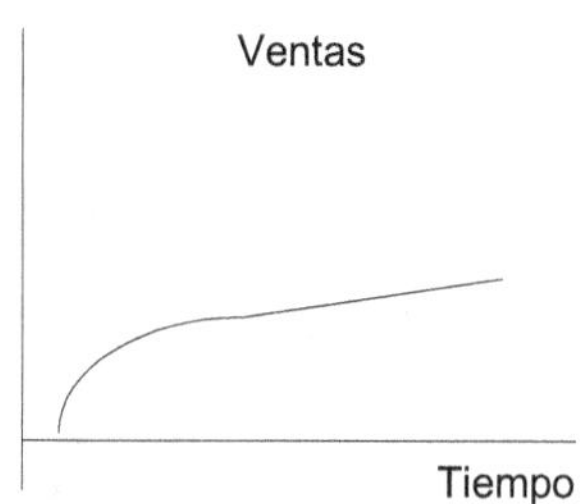

Lo que entendió el cuerpo
de ventas "B"

J. A. Razo ©

La comunicación efectiva requiere que todos, dentro de una organización, "compren" al director o líder el mismo mensaje a fin de coordinar y sincronizar las acciones como si fuera una orquesta donde se toca la misma obra en una ejecución ejemplar. Todos deben conocer su misión y saber hacia dónde va el grupo. Hay que evitar lo que se muestra en la figura de la página anterior, en donde cada quien entendió de diferente manera el mensaje.

El poder de las relaciones humanas

Saber relacionarse y saber conducirse socialmente es un requisito indispensable para volverse ganador. Es en algún modo una habilidad que hay que desarrollar, aunque ahora se le ha llamado "inteligencia social", aprovechando la fama del concepto que David Goleman dio a conocer con la "inteligencia emocional". Considero, –según lo explico con detalle en mi teoría "MMC"– que es igual de importante, o más, que las aptitudes técnicas o intelectuales. Relacionarse bien dentro de nuestro entorno es fundamental para alcanzar el éxito verdadero.

Decidirse a establecer nuevas relaciones es como lanzarse a lo desconocido aceptando las consecuencias. Tratar a personas distintas dentro de nuestro entorno, ingresar a un club o asociación profesional o aceptar un trabajo en una actividad que no dominamos, implica un riesgo y dar un paso adelante. Se requiere enfrentar el temor a ser rechazado igual que cuando iniciamos algo.

Esto resulta ineludible en cualquier práctica

profesional. Saber relacionarse es una cualidad que todos podemos desarrollar.

Pensar en que el haber obtenido las mejores calificaciones en la universidad nos garantiza el éxito, es quedar atrapado en el engañoso modelo del buen estudiante, pues no existen pruebas que garanticen que haber egresado de una universidad de prestigio sea un pasaporte seguro al éxito. Por eso nos encontramos con numerosos profesionistas que desempeñan trabajos bastante inferiores a sus reales aptitudes; la razón es que estas aptitudes sólo cubren una parte de lo que se requiere para ser un ganador. La otra parte la conforma nuestra capacidad para relacionarnos.

Por eso se dice que las buenas relaciones humanas lo son todo, o casi todo. Es un factor preponderante para conseguir el éxito. En nuestra heterogénea sociedad no es difícil demostrar el poder de las relaciones humanas. Pero hay que usarlas para el bien.

**«La regla es ser más abierto hacia todo. Ser sincero
y decir cómo se siente uno en la realidad.»**

Decidirse a establecer relaciones con los demás, como cualquier otra aptitud, implica práctica y estudio. Se ha demostrado que los individuos ganadores se han abierto paso avanzando a la par en sus aptitudes técnicas y en sus habilidades para relacionarse. Observando a nuestro alrededor descubriremos incontables oportunidades para relacionarnos con otras personas. La supervivencia de nuestra carrera dependerá de cómo desarrollemos esta habilidad.

Estemos alerta, pues los grandes negocios o los grandes puestos en la elite de los triunfadores se encuentran en los lugares menos esperados.

**"Aproveche las oportunidades y relaciónese;
busque el pez grande en el estanque pequeño."**

Las relaciones amplían nuestras perspectivas y las de los demás, tanto en el trabajo como en la vida. Nos impulsan a compartir ideas, experiencias y nuevos puntos de vista. El sistema de amistades basado en las relaciones, nos permite entender que, para ganar, no basta la calidad de nuestro trabajo y el esfuerzo propio. Trabajar denodadamente es sólo parte de los requisitos para triunfar y salir adelante. También hay que evitar verse frenado en nuestro avance por el sistema arcaico de creencias que fomentan los miedos y mentiras.

Al hablar de la importancia de saber relacionarse, no me refiero a convertirse en un "promovido", poniendo en duda los méritos y talento propio. Mucho menos me refiero a los arribistas.

Siempre será mejor crear un núcleo sólido y duradero de relaciones y amistades basadas en la confianza y el respeto mutuo, en vez de unas relaciones temporales o sexenales basadas en la conveniencia y el oportunismo.

La amistad, como parte de nuestras relaciones, es una forma de ejercer la libertad, tal como lo expliqué en el capítulo dos; ésa que desde que somos niños nos permite escoger a nuestros amigos. La amistad sincera es el tesoro más preciado. Cuide a sus amigos y hábleles, no cuando los necesite, sino sólo para desearles un buen día. De allí lo veraz de la frase: "Quédate sin dinero, pero no sin amigos"; o la reciente frase que le oí decir a Álvaro Mutis: «La amistad es el vino de la vida». Todos los ganadores deberíamos leer el clásico de Dale Carnegie: *Cómo ganar amigos e influir sobre las demás personas.*

El mundo globalizado

Saber incorporarse a la posmodernidad, sin olvidarse de lo tradicional, es una fórmula que pocos conocen. Es como actualizar nuestro rostro, pero conservando las cosas que valen, como un sello que perdurará siempre. En este nuevo siglo el efecto de las modernas telecomunicaciones hace que el mundo parezca cada vez más pequeño. Hoy día, podemos ver en vivo lo que sucede en cualquier parte no sólo de este planeta, sino de otros lugares del universo. Las telecomunicaciones, junto con la tecnología misma, el transporte y el turismo, forman las cuatro "T" del progreso.

> **"Las cuatro "T" del progreso mundial son: Turismo, Tecnología, Telecomunicaciones y Transporte."**

Este despertar de las tecnologías informáticas y de comunicación ha provocado cambios económicos, sociales y culturales inimaginables.

Ante este galopante avance, el mundo y la sociedad se han transformado en un tiempo tan relativamente corto que muchos no lo comprenden todavía. Todo esto ha originado el fenómeno conocido como globalización, convertido, a su vez, en un fantasma que asusta y recorre el mundo entero.

Ya en el capítulo 11 expusimos la imperiosa necesidad de hacer alianzas financieras y de *marketing* a fin de poder sobrevivir. Dentro de estas estrategias de *marketing* el quehacer publicitario es fundamental para el logro de los objetivos.

Los empresarios que no desarrollen imagen de marca en sus productos quedarán pronto a la zaga y desplazados del mercado. Los anuncios ingeniosos y creativos son, hoy día, una herramienta más que necesaria. Así, se ha originado una guerra feroz de marcas para posesionarse del mercado como las prendas deportivas, autos, equipos de cómputo y aparatos electrónicos y digitales, entre otros. Esta labor fundamental en el mundo de los negocios se ha visto ensombrecida por la falta de ética.

Una estrategia, tal vez la más sutil, es la de la cadena de hamburguesas más grande del mundo, McDonald's, pues la mayoría cree que es un negocio de comida rápida, siendo que su estrategia real está enfocada hacia los niños y a la diversión.

Otro ejemplo de evolución de *marketing* lo fue Nike, que a finales de los ochenta tenía una reducida cartera de clientes. La presencia de Michael Jordan y Scott Bedbury, creador del eslogan *Just to do it*, "Sólo hágalo", cambió su perspectiva a un desafío peculiar, ampliando su plataforma a un público consumidor más amplio, extendiendo su nicho de mercado hacia todo el mundo, volviéndose menos exclusiva y, por ende, más popular. Fue pionera en este *boom* jamás visto.

Esta unión o asociación de beneficios mutuos creó un efecto de sinergia o sinestesia. Los economistas, como Lafeber, a diferencia de los mercadólogos, le han llamado poderío suave, por lo sutil del efecto, en contraste con el tradicional poderío militar y político. Del mismo modo, el prestigiado Kevin J. Claney argumenta que el *marketing*, y no las finanzas o las operaciones son, y al parecer seguirán siendo, el centro verdadero del negocio.

La antigua administración gerencial que sólo perseguía objetivos a través de la trilogía "tiempo, costo y calidad", ha cambiado a una visión más amplia y modernista, pues si bien la productividad y los resultados siguen siendo fundamentales, igual de importante es ahora la seguridad, la calidad, el servicio al cliente y, sobre todo, el aspecto humano.

Hay empresas líderes, como Dupont y 3M, que, en su búsqueda de proveedores, establece las siguientes condicionantes: un precio competitivo, calidad de producto a un nivel de estándares mundiales, una condición ética intachable y una conciencia ambiental orientada a la seguridad.

Habrá que tener presente el modelo de corporaciones líderes que, empleando las más modernas tecnologías y logística, les ha permitido posesionarse del mercado, como serían Wal-Mart, McDonald's, Coca Cola y Starbucks cuyo crecimiento no ha sido casual sino el resultado de una evolución de muchos años. Sin embargo, pocos saben que la Coca Cola sólo vendió 400 botellas en su primer año de existencia. Dentro de este contexto aparece el fantasma llamado corrupción pues la imagen y el prestigio de corporaciones de élite se han puesto en duda.

Un caso notable derivado de la globalización fue cuando Bill Clinton declaró, a mediados de los años 90, que Michael Jordan, en su primer regreso a las canchas, fue capaz de crear, tan sólo en Estados Unidos, más de seis millones de empleos.

Pero no siempre el desarrollo viene aparejado con una creación de empleos; y es que el mundo globalizado ha polarizado las clases sociales creando una desigualdad que causa explotación, hambre y, no pocas veces, hambruna, lo que se está revirtiendo en actos de violencia. Recordemos que un pueblo sin cultura es un pueblo sin criterio y queda sujeto a la manipulación, pero todo tiene un límite, pues como lo predije desde la primera edición de este libro, en el año 2003 en esta página, la gran desigualdad social-económica, derivada de la globalización estaba provocando un gran riesgo de salud que podría derivar en grandes epidemias en el África o en el Oriente y convertirse en un flagelo de alcance mundial; situación que se volvió realidad al final del año 2019 y que todos, sin excepción, estamos padeciendo y, además, con un futuro incierto.

Lo mejor es tener una visión estratégica orientada hacia los derechos humanos y una igualdad social. Un problema común por resolver es la alta rotación en el personal y su discriminación, ya sea por cuestiones de edad, religión, sexo, preferencias sexuales, peso o color.

Las empresas más admiradas y con mayor imagen y prestigio, no siempre son las más grandes, sino aquellas que cuidan de su personal y logran:

1. Que se sientan integrados a la empresa; lo que se conoce como "traer puesta la camiseta".

2. Que crean en la firma, pero en especial en sus principales dirigentes.

3. Que estén motivados y posean esa grata sensación de levantarse a diario con ganas de ir al trabajo.

Por otra parte, nuestros buenos hábitos de consumo deben servir como reguladores en cuanto a las tendencias de los grandes consorcios orientadas obviamente hacia el consumismo. La globalización también ha ocasionado la invasión de productos piratas, provocando una competencia desleal e ilegal. A este respecto, *Nike* y otras firmas han implementado políticas novedosas para contrarrestar este efecto, estableciendo dos niveles de precio en sus productos de marca. Otro recurso o reto de los productos de marca es el de mantenerse a la vanguardia de tal manera que los imitadores, ilegales o no, irán a la zaga.

Hay empresas que, aun siendo de bajo perfil, su rentabilidad es notable. Por eso es difícil establecer fórmulas cien por ciento seguras en cuanto a la obtención de utilidades. Las empresas de los tres hombres más ricos del planeta, Jeff Bezos, Elon Musk y Bill Gates, cuyas fortunas es mayor a la de muchos países completos serían un ejemplo. Otro buen ejemplo sería el Real Madrid y el Barcelona que obtienen ingresos anuales de casi 800 millones de dólares y cuyas organizaciones están valoradas en casi 5,000 millones de dólares.

Así también en esta época de la posmodernidad vemos como los deportistas explotan su imagen al máximo. Los ejemplos actuales son Cristiano Ronaldo, Leo Messi, y

Lebron James. Y no podemos dejar de mencionar el más grande negocio producto del *marketing* y de la manipulación llamado "El torneo mundial de futbol".

En síntesis, la globalización ha impuesto un costo: o nos volvemos más competitivos o desaparecemos del mercado. Muchos no han entendido que este mundo ya cambió. Hay que adaptarnos al cambio y actualizarnos, pues de otra forma moriremos. Hasta el maravilloso avión Concorde dejó de volar en 2003 pasando a ser una pieza de museo; aunque la empresa United planea tener vuelos comerciales en 2029 con aeronaves supersónicas.

Los negocios, en la actualidad

Hoy día, la gente es lo más importante en las empresas. Si bien el CEO reconoce que todo inicia y termina con la gente, también busca, como primera opción, tener personas idóneas en los trabajos adecuados, para luego mantenerlas allí. Al dirigente de hoy se le paga por tomar buenas decisiones, sobre todo en situaciones difíciles; es decir, se le paga para que resuelva problemas.

El ejecutivo, como ya se dijo, debe mantenerse actualizado en su campo, pero algo más importante son sus valores y sus principios éticos. Más que saber cómo piensa y habla, lo que más se valora es ver cómo actúa. Si damos por hecho su talento, su capacidad y su experiencia, el ejecutivo al que se contrata es aquel que es mejor persona, mejor ser humano.

Como decíamos líneas arriba, la creatividad será una

aptitud o habilidad reconocida y bien remunerada. Hay que reinventar los negocios todos los días. Así también, en el mercado laboral y de consultoría, la especialidad en finanzas siempre será bien pagada.

"Demuestre sus talentos especiales; si usted hace algo bien debe cacarear el huevo."

Las empresas obtienen la lealtad del empleado no sólo con base en el sueldo de hoy, sino en función de un equilibrado balance entre el presente y el futuro. Es vital que el empleado sienta, aunque sea una pequeña parte de la empresa como suya.

Referente a la calidad, una máxima dice que la calidad no se improvisa, sino que debe ser, más que una forma de trabajar, una filosofía de vida. Una correcta estrategia de calidad dentro de un mundo globalizado nos hace pensar en el planeta entero. Los productos no deben planearse sólo para el mercado nacional sino tener una calidad competitiva en cualquier plaza o mercado.

A nivel personal o de negocios, "diversidad" parece ser la palabra mágica. Una preparación intensa y extensa nos abre más opciones. La multicitada ética es el otro principio que hay que considerar, pues, al contrario de lo que la mayoría piensa, tener un comportamiento ético resulta ser buen negocio. Los negocios ponen a prueba nuestras habilidades. No es tan fácil como antaño. Se deberá tener práctica y experiencia en el ramo que se trate, contar con capital, relaciones, capacidad administrativa y una fuerte dosis de "motivación consciente" convertida en voluntad sin límites. Se debe negociar con base en la filosofía ganar-ganar y con ganancias no inmediatas.

Aunque la ilegalidad y la corrupción han permeado a nuestra sociedad y a la empresa privada, debemos recapitular, reiniciar, empezar hoy con una nueva visión enmarcada en el concepto empresa sustentable cuya filosofía y cultura de trabajo buscan un equilibrio entre medio ambiente, sociedad y economía.

En cuanto a la educación, tenemos escuelas que están en un nivel óptimo, a la altura de Harvard o hasta mejor en algunas áreas. Pero las maestrías son un requisito que se está convirtiendo en una moda, un acto de esnobismo. Se está perdiendo su esencia.

La predicción que Camilo José Cela hizo a principios del siglo respecto a que tomaría al menos dos décadas lograr una estabilidad y que se empiecen a ver los resultados se quedó corta, pues nos falta mucho por avanzar, para lo cual hay que hacer lo que se tenga que hacer y cumplir con lo mínimo que exige el vivir en sociedad. En cambio, Alvin Toffler fue menos optimista, cuando afirmó que carecemos de la visión del país que deberíamos ser dentro de 20 años.

Así, sólo unidos lograremos nuestras metas y luego otras y otras más, manteniéndonos en plena evolución. Todos, en cualquier actividad, podremos volvernos más saludables, productivos y felices, si le apostamos a los buenos hábitos, a *los hábitos para ganar*. Éstos son los que harán cambiar nuestras actitudes y conducta —positivas y conscientes— y, por consiguiente, nuestra vida.

≈ ≈ ≈ ≈

Recopilación de citas

1. Los hábitos para ganar

"Integrar la diversión en nuestro trabajo nos convierte en triunfadores y nos asegura el éxito."

"1. Tener un sueño y convertirlo en objetivo.
2. Recordarlo en todo tiempo y momento."

"El éxito es el resultado de la práctica cotidiana —a través del subconsciente—, de los buenos hábitos."

"Cambie el paradigma. Usted y su mente son los que deciden el tiempo necesario para cambiar un hábito."

"Después de haber saltado la barda, de pronto uno se da cuenta de que ya está en el jardín."

"Para avanzar en la vida se requiere dar siempre un paso más allá de la zona de seguridad."

"El éxito no es un hecho aislado ni casual, sino el resultado de un 'habitual' proceso."

2. El ascenso es paso a paso

"1. La elección de nuestros estudios universitarios.
2. La elección de nuestro trabajo o *modus vivendi*.
3. La elección de nuestro cónyuge o pareja."

"Uno puede inspirarse en otros sin dejar de ser uno mismo y sin perder la identidad."

"Elegir el rumbo correcto es tan esencial como mantenerlo a través de un sano equilibrio entre los diversos factores que giran sobre uno."

"Los ganadores siempre están dispuestos a servirnos de guía en el camino hacia nuestro propio éxito."

"El éxito verdadero es el resultado de una sucesión ilimitada de esfuerzos continuos."

"* Se debe tener una meta o propósito en la vida.
　* Se debe creer en él y convertirlo en un sueño.
　* Se debe alimentarlo día tras día y paso a paso."

"Ser ganador requiere establecer el objetivo principal y los pasos o metas intermedias."

"¿Cómo superar los obstáculos y lograr sus metas?
¡Paso a paso! No concibo otra forma de hacerlo."

"El hombre ganador sabe rodearse de personas valiosas que entienden su rol y lo encumbran más."

3. El momento de la verdad

"La perseverancia, en su concepción más amplia, implica el ascenso al éxito y saber permanecer allí."

"La brújula y el reloj son los mejores instrumentos para conducirnos hacia nuestros objetivos."

"El éxito verdadero depende, no tanto de no equivocarse, sino de corregir pronto los errores."

"Hay que aprender a ver y dominar el bosque en vez de perderse entre los árboles."

"Si usted practica mucho, pero su técnica es mala, será bueno para hacer algo mal."

"Lo que hace a una persona ser extraordinaria es su capacidad de definición en los momentos cruciales."

"En cualquier competencia, concurso o en la vida misma, el triunfo se arrebata, nadie te lo regala."

"El entender que el éxito puede ser pasajero y hasta efímero, nos permite conservar la humildad."

"Cuál si fuera una ley de la vida, hay que perseverar, pues el camino al éxito siempre está en construcción."

"Hay que crear la cultura del triunfo y acostumbrarnos al éxito. Es cuestión de formación y mentalidad."

"La confianza en sí mismo es una actitud que da seguridad y nos permite actuar con aplomo."

4. Los regalos de Dios

"Gozar el momento y aprovechar las oportunidades según el rumbo elegido, nos conduce al éxito."

"Debemos convertir cada oportunidad en un reto y cada reto en una oportunidad."

"Si a prepararse y aprovechar las oportunidades se le llama buena suerte, entonces los individuos ganadores serían seres con mucha suerte."

"* Estar en alerta permanente.
* Prepararse y actualizarse.
* Entrar en acción, moverse."

"¿Cómo podemos saber todo lo que somos capaces de hacer si no lo intentamos?"

"Tal vez te esté permitido fallar, pero lo que no te está permitido es no intentarlo."

"Uno no puede pasarse el resto de su vida con la pregunta a cuestas: ¿por qué no lo intenté?"

"Tener un don y no aprovecharlo o desarrollarlo, es peor que no tenerlo."

"Los dones, las habilidades y los gustos son los parámetros cuya práctica nos conduce al éxito."

"Aprovechar sus dones, amar su trabajo, adquirir habilidades y poseer una férrea disciplina, lo convertirán en un campeón en su campo."

"No importa su labor; si quiere ser un triunfador deberá poseer una personalidad y estilo propios."

"Si vas a ser barrendero, quiero que seas el mejor barrendero del mundo."

5. El factor motivacional

"Sólo por hoy vigorizaré mi espíritu. Leeré algo que requiera esfuerzo y meditación."

"Disfrutar el momento es el centro del budismo zen. Cada quien debe adaptarlo a su personalidad."

"Estar motivado es tener un propósito, poseer un estado mental superior y una actitud positiva y consciente que he acuñado como APC."

"La motivación es una rama de la psicología tan eficaz como queramos y nos preparemos."

"El factor motivacional dominará los procesos y situaciones con las que vive el ser humano."

6. Las reglas del juego

"La ingeniería, como disciplina y ciencia aplicada, ha rebasado sus fronteras e invadido otros campos."

Hermoso pensamiento de Antonio Machado:
"Nadie es más que nadie."

"El principio de que nuestro derecho termina donde comienza el de los demás, es recíproco."

"El objetivo en toda competencia es lograr la victoria, pero respetando las reglas del juego."

"Lo último que podemos hacer es mirarnos en el espejo y engañarnos a nosotros mismos."

"Vivir apegado a los valores éticos, aunque parezca pasado de moda, es una práctica rentable."

7. Liderazgo ganador

"Pocas cosas ocurren de repente; siempre habrá señales que nos anticipan los acontecimientos."

"La clave está en el tiempo de adaptación al cambio más que un pez grande importa ser un pez rápido."

"Cuando su vida se encuentre destrozada junte los pedazos y siga adelante."

"Sólo las promesas que se cumplen son dignas de tomarse en cuenta, las demás no sirven."

"Deberá de anotar y explicar con claridad lo que desea de él. Éste es el paso más sencillo."

"Deberá explicarle que puede hacer lo que se le pide siempre y cuando así lo decida."

"Deberá convencerlo de que el hacerlo será por su propio bien y beneficio."

"Si las palabras del líder no están respaldadas por el trabajo duro, de nada servirán."

"Todo coach debe ser un guía capaz de crear una actitud "APC" triunfadora en sus pupilos."

"Detrás de todo ganador, hombre de bien o individuo productivo está la mano del maestro."

"Dar prioridad a nuestras actividades y citas en función de su importancia y no en razón de nuestros gustos o preferencias."

"Evitar que las actividades se expandan hasta ocupar el mayor tiempo posible. Se debe fijar un tiempo máximo para cada actividad y cumplirlo."

"Cada minuto que vivimos, jamás regresará, por lo tanto, debemos de aprovecharlo."

"Si lo que se tiene qué hacer hoy no lo comienzo a hacerlo, ¿cómo podré decir que empezaré mañana?"

"Realice su tiro a tiempo, de lo contrario perderá la manija y el control del partido de su vida."

8. Disciplina y salud

"El cuerpo y el rostro son nuestro espejo; por eso es importante sentirse bien, verse bien y estar bien."

"El deportista profesional de hoy debe ser un atleta, dominar su campo, poseer gran fortaleza mental y, ante todo, seguir siendo un ser humano digno."

"La estructura ósea del atleta tiene un límite físico, más allá del cual los huesos se rompen."

"El atleta se vuelve adicto, en cierto modo, a las endorfinas y adrenalina. Su cuerpo las necesita."

"Disciplina y salud van juntas; son tan esenciales que se consideran el primer paso hacia el éxito."

"1. Haga ejercicio: quemará calorías y eliminará el estrés; el ejercicio rara vez le será perjudicial."

"2. Coma sólo lo necesario, en la cantidad y frecuencia adecuada; coma con orden y sea moderado; siga una dieta o plan alimenticio."

"3. Hágalo así siempre, no sólo una semana, ni un mes o medio año, hágalo toda su vida; haga de la disciplina su norma y su estilo de vida."

"4. Dese un gustillo, pero sólo de vez en cuando; coma para vivir y no a la inversa."

"El deficiente acondicionamiento físico y mental es el causante principal de las lesiones."

"Cualquier codependencia o condicionamiento extremo es un atentado a nuestra libertad."

"El hombre de éxito debe saber alimentarse con inteligencia y verlo como un placer y una aventura."

9. La excelencia a su alcance

"Cuando uno sabe que no sabe, ya tiene la mitad del problema resuelto."

"Uno vale no tanto por lo que sabe, sino por lo que hace con lo que sabe."

"Si usted aspira a ser ganador, tiene que dominar lo básico, los fundamentos, el ABC."

"De modo que regrese a lo básico y pronto elevará su nivel en todo lo que haga."

"La experiencia se adquiere con el paso del tiempo y la sabiduría con la reflexión de los hechos."

"La derrota nos obliga a practicar más y más; fallar forma parte del camino hacia el éxito."

"Uno tiene dos caminos: fácil, pero sin principios, o difícil, pero con satisfacciones; uno elige."

"Cuando se tope con un muro, para superarlo trate de escalarlo, romperlo o rodearlo."

"La perfección no existe, pero la excelencia se consigue en el camino hacia la perfección."

"No se puede mejorar la nada. Primero hay que hacer las cosas y luego mejorarlas."

10. El talento innovador

"Creatividad, inspiración, concentración, revelación, reto, lucha, chispa, enfoque, trascendencia, espíritu, fe, determinación, disciplina, energía, filosofía de vida, armonía, humildad, ética, entre otros."

"Todo proceso creativo y genial incluye:
1. Imitación, 2. Innovación y 3. Invención."

"Un suave balanceo con los ojos cerrados da una buena concentración antes de iniciar el partido."

"La creatividad está determinando el éxito actual y futuro de las organizaciones."

"1. Preparación. Reunión de información.
2. Incubación. Análisis del problema.
3. Iluminación. Visión general de la solución.
4. Verificación. Comprobación de la solución.

"¿Qué debo cambiar aquí? El hombre creativo cambia, mejora e innova."

11. Juntos lo hacemos mejor

"Las alianzas y el trabajo en equipo, más que una moda, significan la vida misma."

"Si quiere hacer feliz a quien más ama dígaselo hoy, no espere a mañana."

"Conquiste todos los días a su cónyuge y dígale todo lo

que significa para usted."

"Un ganador tiene que operar como un equipo en el que juegan su hogar, su oficina y usted mismo."

«El talento individual gana juegos, pero el trabajo en equipo gana campeonatos.»

"Convivir con gente mejor nos vuelve mejores y hace que desarrollemos nuestras virtudes."

"Para ser grande se requiere pensar en grande y convivir con gente grande."

"En un grupo con armonía, la fuerza asociada es mayor que la suma de las fuerzas individuales."

"En cualquier equipo, ningún miembro es tan bueno como todos juntos."

12. La responsabilidad a cuestas

"Hacer algo en favor de alguien en forma anónima engrandece nuestra alma."

"La responsabilidad forma parte intrínseca de todos los actos del individuo."

"Asumir la responsabilidad, implica asumir los resultados, cualesquiera que éstos sean."

"Nuestra mente se imagina situaciones inexistentes que nos provocan estrés."

"Si usted se fortalece adecuadamente, se volverá resistente al estrés en forma sana."

"La lectura es la solución más efectiva contra el estrés. Es el gimnasio mental por excelencia."

13. El mundo globalizado

"La comunicación debe ser convincente, breve, persuasiva, elocuente, asertiva, clara y objetiva."

"En un ambiente de máxima comunicación e información los conflictos se minimizan."

"La regla es ser más abierto hacia todo. Ser sincero y decir cómo se siente uno en la realidad."

"Aproveche las oportunidades y relaciónese; busque el pez grande en el estanque pequeño."

"Las cuatro "T" del progreso mundial son: Turismo, Tecnología, Telecomunicaciones y Transporte."

"1. Que se sientan integrados a la empresa; lo que se conoce como "traer puesta la camiseta".
2. Que crean en la firma, pero en especial en sus principales dirigentes.
3. Que estén motivados y posean esa grata sensación de levantarse a diario con ganas de ir al trabajo."

"Demuestre sus talentos especiales; si usted hace algo bien debe cacarear el huevo."

≈ ≈ ≈ ≈

Breve tratado sobre la vida

El primer apartado de cada capítulo es una breve reflexión sobre la vida diaria, es algo más allá del tema principal del libro, de tal manera que si los leemos por separados será equivalente a un breve "tratado sobre la ida", curso con un sentido práctico. Le aseguro que se volverá más reflexivo se hará muchas preguntas y empezará, de hecho, a obtener respuestas. ¡Buena suerte!

Tema	Página
La vida como un juego. La metáfora	21
La libertad de elegir	39
La brújula y el reloj	55
Las oportunidades, ventanas al cielo	71
El espíritu en alto	87
La disciplina del futuro	103
El factor adaptación	119
El cuerpo y el rostro, reflejo del yo	135
El miedo a aprender	151
El perfil de los genios	167
Las alianzas, imperativo actual	183
La dignidad, parte aguas en la vida	199
La comunicación efectiva	215

Índice de tablas, cuadros y gráficas

TÍTULO	Pág.
Los hábitos para ganar	28
Lo que implica ser un ganador	70
El tiempo y las oportunidades	75
Proyecte su propia personalidad y estilo	86
Saludando al día	91
Diagrama del individuo ganador	96
Test motivacional	100
Código de ética	118
El líder ganador	126
Diagrama de la salud integral	137
Aprender...	155
Perfil de los genios y campeones del deporte	172
Cómo desarrollar el talento creativo	178
Los mejores IQ de la historia	182
Decálogo de oro para equipos de trabajo	194
Sólo por hoy	202
Los diez grandes retos de la responsabilidad	206
El manejo efectivo del estrés	209
La comunicación efectiva	219

≈ ≈ ≈ ≈

Índice progresivo

El gran poder de los hábitos   7
Introducción   13

1. LOS HÁBITOS PARA GANAR
   El 'ABC' de los hábitos
La vida como un juego. La metáfora   21
Un deseo, un sueño y una meta   25
Los hábitos para ganar   27
Más allá de la zona de seguridad   34

2. EL ASCENSO ES PASO A PASO
   Soñar despierto día a día
La libertad de elegir   39
Inspirarse en los mejores   43
El ascenso es paso a paso   47
Yo amo lo que hago   50

3. EL MOMENTO DE LA VERDAD
   Mantenerse en la cumbre
La brújula y el reloj   55
La práctica continua   58
El momento de la verdad   61
El difícil oficio de ganar   64

4. LOS REGALOS DE DIOS
   Aprovechar nuestros dones
Las oportunidades, ventanas al cielo   71
Intentarlo siempre   76
Los regalos de Dios   79
Personalidad y estilo propios   84

5. EL FACTOR MOTIVACIONAL
   Actitud positiva consciente APC
El espíritu en alto   87
El factor motivacional   92
La motivación y sus mitos   98
Test motivacional   100

6. LAS REGLAS DEL JUEGO
   La ética como estilo de vida
La disciplina del futuro   103
La humildad, virtud única   106
Las reglas del juego   110
La ética de los ganadores   113

7. LIDERAZGO GANADOR
   Ser un guía modelo
El factor adaptación   119
El líder ganador   123
Un *coach* para toda la vida   128
El factor tiempo   131

8. DISCIPLINA Y SALUD
   La mente y el cuerpo en sincronía
El cuerpo y el rostro, reflejo del yo   135
Disciplina y salud   140
El hombre sin límites   144
Aliméntese para ganar   148

9. LA EXCELENCIA A SU ALCANCE
   La excelencia como norma
El miedo a aprender   151
Lo básico, el "ABC" de la profesión   156
La filosofía de los ganadores   159
La excelencia a su alcance   164

10. EL TALENTO INNOVADOR
Los tres pilares de la creatividad

El Perfil de los genios	167
Los secretos de los genios ganadores	170
El talento creativo	175
Cambiando los paradigmas	180

11. JUNTOS LO HACEMOS MEJOR
El efecto de la sinergia

Las alianzas, imperativo actual	183
La familia también juega	186
El trabajo en equipo	191
Sinergia y mimetismo	196

12. LA RESPONSABILIDAD A CUESTAS
Dignidad y compromiso

La dignidad, parteaguas en la vida	199
La responsabilidad a cuestas	203
Los retos de la responsabilidad	205
Viviendo con estrés	208

13. EL MUNDO GLOBALIZADO
Incorporarse a la modernidad

La comunicación efectiva	215
El poder de las relaciones humanas	220
El mundo globalizado	223
Los negocios, en la actualidad	228

Recopilación de citas	231
Breve tratado sobre la vida	243
Índice de tablas, cuadros y gráficas	244
Índice progresivo	245
Índice onomástico	249
Acerca del autor	253
Qué es "MMC"	255
Un saludo a mis lectores	256

Índice onomástico

Adán 91,
Ainge Danny 191,
Ali Muhammad 143, 171,
Alicia 14, 132,
Allende Isabel 217,
Alva Edison Thomas 76, 95, 161, 168, 170,
Arantes D. N. Pelé 171,
Aristóteles 165,
Armstrong Lance 143, 144,
Asimov Isaac 154,
Auerbach J. 89,
Barkley Charles 15,
Beatles, Los 180,
Bedbury Scott 224,
Bergman Ingmar 170,
Bezos Jeff 170,
Bird Larry 109, 158,
Bonaparte Napoleón 53, 170, 175,
Bonds Barry 171,
Brady Tom 15,
Branson Richard 170,
Bubka Sergey 145,
Buonarroti Miguel Ángel 166,
Carlyle Thomas 60, 144,
Carnegie Dale 223,
Carlsen Magnus 182,
Caruso Enrico 77,
Cela Camilo José 230,
Chapa Martha 85,
Chayito Iglesias 15,
Chinchanchona 216,
Churchill Winston 34, 77, 79, 85, 154, 203,
Claney Kevin J. 225,
Clinton William 116, 226,
Crick Francis 145,

Curie Marie 170,
Da Vinci Leonardo 170, 182
Darwin Charles 170,
De Borja San Francisco 107,
De Calcuta Madre Teresa 88, 109,
De Cervantes S. Miguel 217,
Descartes René 182,
DeVille Jard 95,
Di Stéfano Alfredo 171,
Dimecke Enrique 33,
Diógenes 154,
Disney Walt 77, 170,
Dumars Joe 116
Duncan Tim 195,
Dylan Bob 122,
Einstein Albert 77, 85, 109, 110, 133, 170,
Elliot Sean 144,
Emerson Ralph W. 61, 200,
Fangio J. M. 171, 205,
Federer Roger 15, 170,
Fischer Bobby 51, 182
Ford Henry 77, 170,
Franklin Benjamín. 182,
Freeman Cathy 165,
Freud Sigmund 170, 180,
Friedman Milton 43,
Fry Arthur 195,
Galileo 180, 182,
Gates Bill 170, 227,
Goethe W. 182, 216,
Goleman David 220,
Gómez Bolaños Roberto. 201,
Gracián Baltasar 159,
Guardiola Joseph 195,
Guevara Ana Gabriela. 165,
Hamilton Lewis 45,
Hanks Tom 201,
Hardaway Tim 33,

Hawking Stephen 170,
Hemingway Ernest 63, 68, 161,
Heston Charlton 165,
Huxley Aldous 159,
Iacocca Lee A. 16, 46, 165, 170, 188,
Isabel, La Reina 85, 110,
Iverson Allen 165,
Jackson Phil 89, 198,
James Lebron 147, 227,
Jobs Steve 170,
Johnson Michael 62, 90, 145,
Jones Marion 145,
Jordan Michael 77, 90, 110, 116, 128, 145, 147, 149, 158, 171, 224, 226,
Juan Pablo II, Karol Wojtyla 204,
Kant Immanuel, 182,
Karl George 113,
Kaspárov Garry 30, 182,
Kennedy John F. 33,
Kipling Rudyard 59,
Lewis Carl 171,
Lombardi Vince 13, 69,
Machado Antonio 109,
Madonna 109, 180,
Malibrán María 57,
Mandino Og 76,
Maradona Diego A. 143, 171,
Marciano Rocky 171,
McCormack Mark 192,
Merlín 155,
Messi Lionel 45, 227,
Mistral Gabriela 40,
Montana Joe 171,
Montesquieu 216,
Mozart W. A. 182,
Muñoz Felipe 174,
Mutis Álvaro 223,
Musk Elon 170,
Nash Steve 46,

Newton Isaac 170, 182,
Nietzsche F. 94,
Ogilvy David 180,
Peck Gregory 85,
Peter Lawrence J. 59,
Picasso Pablo 170, 180,
Polgar Judith 182,
Reyes Alfonso 154,
Robinson David 195,
Ronaldo Cristiano 15, 227,
Rubinstein Arthur 60,
Ruth Babe 171,
Sánchez Hugo 85, 171, 181,
Saramago José 170,
Savater Fernando 115,
Schumacher Michael 15, 90, 110, 116
Schumacher Ralph 116,
Scott Robert 139,
Seneca 216,
Shakespeare W. 114, 170,
Simenon George 188,
Slim Carlos 227,
Smith Dean 158,
Spassky Boris 51,
Spielberg Stephen 180,
Toffler Alvin 152, 177, 230,
Voltaire 182,
Wallas J. 176,
Webster Daniel 60, 90,
White T. H. 154,
Williams Robin 90,
Williams Serena 45, 88, 147
Woods Tiger 171,
Zabludovsky Jacobo 116,
Zelensky Igor 52,
Zuckerberg Mark 170,

≈ ≈ ≈ ≈

Acerca del autor

Es escritor, consultor y conferencista especializado en temas sobre la conducta humana, la conciencia y la educación mental, y un inspirador del cambio hacia lo positivo y actual.

"Mi misión es despertar conciencias", dice el autor, con orgullo y responsabilidad. Se autodefine como un humanista. Es el creador de la teoría-método MMC, "Motivación y Mente Consciente", destinada a cambiar la conciencia y la vida de las personas. En su libro donde expone la teoría nos enseña como adquirir una nueva conciencia para producirnos un cambio que nos transforma en seres más saludables, con un óptimo grado de bienestar y altamente productivos.

Fue vicepresidente de la "Asociación mexicana de la creatividad", miembro del "Colegio de ex pentathletas", fundador del "Centro intelectual para el aprendizaje" y ex asesor en equipos profesionales de futbol.

Su tiempo lo ocupa en leer, estudiar, escribir, impartir conferencias y la consultoría profesional en campos como la productividad, la gestión empresarial, la ingeniería, el poder mental, la conciencia, la salud y el área deportiva. Investigador y estudioso del cerebro humano.

Su obra comprende 16 libros. "Antología de la Superación Personal" es su primer trabajo como escritor y cumple 40 reimpresiones y más de 300,000 ejemplares vendidos.

En "Los hábitos para ganar" nos explica su propia teoría acerca de los hábitos la cual forma parte de su teoría "MMC".

razo@editorialalperfiles23.com WhatsApp. 52 55 2864 3937

≈ ≈ ≈ ≈

Otras obras del autor

Antología de la Superación Personal

Un libro único en el campo de la motivación y del desarrollo personal. Descubrirá la belleza de la buena lectura y lo útil y valioso de la información y del conocimiento. La recopilación más valiosa en el campo de la superación y la motivación. En esta obra de singular manufactura se reúnen los más bellos textos, escritos y composiciones de toda la historia de la humanidad. A la fecha con 40 reimpresiones y con más de 300,000 ejemplares vendidos. Es todo un "best seller".

Déjame contarte una historia

Más de 200 historias que transforman nuestra actitud, nuestra mente y nuestra alma. Un desfile de historias donde los personajes y protagonistas cobran vida para enseñarnos y transmitirnos su sabiduría a través de sencillos, pero a la vez, profundos diálogos, siempre tratando de encontrar la simplicidad a pesar de la pluralidad de los temas, incluyendo valiosas reflexiones, convertidas en verdaderas "lecciones de vida". Lo curioso e interesante es que una historia es útil tanto para el que la escucha como para el que la enseña.

MICHAEL JORDAN Un modelo para ganar

Cuál ha sido el rol más importante de Michael Jordan: ¿Cómo un atleta o cómo un ciudadano convencional o cómo un hombre de negocios? Los tres son igual de brillantes y exitosos, por eso debemos considerarlo como un modelo para ganar. En este libro conocemos a Michael Jordan como un hombre de negocios, tanto en la actualidad como en su época de jugador de los Chicago Bulls y al inicio de su retiro. Lo importante son las lecciones que nos da Michael Jordan y que nos enseñan a triunfar en lo que hacemos y en nuestro entorno a través de las lecciones que nos imparte.

Disponibles en Amazon, Editorial Perfiles '23' y Editorial Palibrio

QUÉ ES MMC ®
Motivación y Mente Consciente

La Motivación y Mente consciente es una teoría y método que nos enseña como adquirir una nueva conciencia orientada hacia su bienestar y productividad. Es un "estado mental superior" que nos confiere el "poder" de controlar conscientemente nuestros estados emocionales. Es un proceso que empieza con el cambio y termina con la trascendencia, pasando por el compromiso, la responsabilidad, el bienestar, el éxito verdadero, la plenitud, la armonía interior, la apertura del corazón y la grandeza.

El autor, creador de esta teoría de aplicación universal, sostiene que, si usted abre su corazón y mantiene el empuje y la determinación de la motivación tradicional —transformada en una actitud positiva consciente, "APC"—, alcanzará niveles de desarrollo insospechados y podrá aspirar a la plenitud, a la trascendencia y a dejar un legado a la humanidad.

Con "MMC", usted será más libre, más feliz y un mejor ser humano. Podrá mantener una conciencia nueva, plena y sostenida, y una mente alerta, clara y sana, y cambiar decenas de paradigmas. Pero recuerde que todo comienza con el cambio, pues si usted no cambia tarde o temprano se extinguirá. En este libro el autor nos enseña los tres pasos para dominar esta enseñanza:

1. La motivación tradicional, 2. Una nueva conciencia, 3. Un estado mental superior, y hace una introducción a los tres niveles de autodesarrollo que se estudian con amplitud en el tercer libro.

Los que alcanzan la trascendencia se convierten en seres grandes, únicos, seres que cambian la historia para bien de la humanidad, seres de luz que producen abundancia. Una obra plagada de anécdotas y experiencias del autor y destinada a transformar la conducta y la vida de las personas.

¿Quiere usted cambiar? ¿Quiere mejorar su economía?, ¿Quiere ser más productivo?, ¿Quiere tener una óptima salud?, ¿Quiere sentirse mejor?, ¿Quiere cambiar los paradigmas?,

razo@editorialalperfiles23.com WhatsApp. 52 55 2864 3937

Un saludo a mis lectores

Reitero mi enorme compromiso con mis lectores quienes a través de mi trabajo se han vuelto mis amigos. Todos los que me han escrito sus maravillosas cartas-correos fortalecen mi espíritu y me impulsan a seguir adelante.

Aunque siempre trato de mantener una visión optimista de la vida, por momentos la tarea se ve bastante cuesta arriba, como si lo que faltase por hacer fuera tanto que tendría que redoblar esfuerzos. Es aquí cuando entonces exclamo: «Si fuese necesario, haré todo de nuevo».

Estoy empeñado y decidido a darlo todo por casi nada. Tal vez un correo electrónico sea suficiente para crear la sinergia necesaria, pues estoy convencido de que para llevar a buen término cualquier proyecto, sea grande o pequeño, se requiere la colaboración entusiasta de todos, es decir, trabajar en equipo.

Me preocupa mi país, pues si bien la lectura y el estudio de los buenos libros nos debería volver más libres, conscientes y responsables, solemos no ser congruentes con esa prerrogativa tanto en el pensar como en el decir y el hacer, y es que el avance en la cultura y educación no hemos querido o sabido llevarlos aparejados con el de la ética y los valores.

Todos participamos en el juego, ya sea como víctimas, héroes o villanos. Dejemos, de una vez por todas, de hacernos las víctimas o adoptar el rol de villanos; mejor afrontemos nuestra responsabilidad pues todos tenemos mucho que aportar.

Puede enviarme sus sugerencias, preguntas o comentarios, o solicitar la compra de libros o informes sobre conferencias, seminarios o consultoría profesional relacionada con los temas de: productividad, gestión empresarial, ingeniería, poder mental, conciencia, salud, buenos hábitos y en el área deportiva.

razo@editorialalperfiles23.com   WhatsApp. 52 55 2864 3937

www.razo11.wixsite.com/conciencia

Anotaciones

Pregunte, investigue, analice, reflexione y saque conclusiones

Anotaciones

Pregunte, investigue, analice, reflexione y saque conclusiones

Anotaciones

Pregunte, investigue, analice, reflexione y saque conclusiones